Robert Mezger, Wilhelm Mueller

Kreuz und quer durch deutsche Lande

DOGMA

Robert Mezger, Wilhelm Mueller

Kreuz und quer durch deutsche Lande

ISBN/EAN: 9783955076405

Auflage: 1

Erscheinungsjahr: 2012

Erscheinungsort: Bremen, Deutschland

Kreuz und Quer

durch

Deutsche Lande

BY

ROBERT MEZGER

BARRINGER HIGH SCHOOL, NEWARK, N. J.

AND

WILHELM MUELLER

FORMER PRINCIPAL OF THE 15TH DISTRICT SCHOOL
CINCINNATI, OHIO

NEW YORK-:-CINCINNATI-:-CHICAGO
AMERICAN BOOK COMPANY

PREFACE

Kreuz und Quer is an account of a trip of two Americans through Germany. It is intended to familiarize the student with the country and the people of Germany, their civilization and institutions, their manners and customs, their home life and social atmosphere, as well as to give a sympathetic insight into the national characteristics and ideals of the Germans and a knowledge of the work and achievements of their great men.

Numerous anecdotes, stories, ballads, and songs are appropriately introduced to illustrate characteristic traits or references to important historical events.

In view of the powerful influence that Germany and America are to-day exerting on each other, particular stress has been laid on the exposition of the conditions which are the impelling forces in modern German life.

Narrative, conversational, and letter style are used in well-balanced proportions, so as to avoid monotony.

The style is idiomatic and so simple throughout that the book can easily be read in the second year of a course in German. The vocabulary is practical and modern, and the frequent repetition of words will aid the pupils in the acquisition of forms of speech and increase their accuracy and fluency of expression.

The authors feel justified in the publication of this introductory reader on Germany, not only because of the wide range of information it affords, but principally on account of its simplicity.

3

CONTENTS

CONTENTS 5

Kreuz und Quer durch Deutsche Lande

I.

Von der Werft auf den Ozean

Der mächtige Hamburger Dampfer hatte die Werft in Hoboken verlassen. Er segelte langsam und majestätisch den breiten Strom hinab, durch die obere und untere
5 Bai dem Ozean zu. Auf dem Oberdeck standen zwei Fahrgäste und sprachen miteinander. Der eine war ein junger Amerikaner und hieß Alfred Strong. Er kam aus Cleveland und reiste nach Deutschland, um in Berlin Musik zu studieren. Der andre, Doktor Walter,
10 war ein Deutscher von Geburt und ein Mann in den besten Jahren. Er war Arzt in New York und ging zur Erholung nach Europa. Er wollte in Deutschland seine Eltern besuchen. Die Mutter des jungen Strong war von deutscher Herkunft. Sie und Doktor Walter
15 hatten sich schon als Kinder gekannt. Dieser hatte ihr versprochen, auf der Seereise nach ihrem Sohne zu sehen. Nach der Ankunft in Hamburg wollten beide zusammen die deutschen Lande kreuz und quer durchreisen. Dann sollte Strong in Berlin bleiben, um die
20 Königliche Hochschule für Musik zu besuchen.

Es war ein schöner Morgen in der Mitte des Juli. Ein klarer, wolkenloser Himmel lachte über Land und Meer. Herr Doktor Walter hatte den Ozean schon mehrmals gekreuzt, der junge Strong machte die Reise

9

zum ersten Male. Alles war ihm neu und anziehend,
die hohen Häuser der mächtigen Stadt, die Boote,
Segelschiffe und Dampffähren, und die kleinen und
großen Dampfer im Hafen. Er bewunderte das Standbild der Freiheitsgöttin, die grünen Hügel Staten
Islands mit ihren freundlichen Städtchen und stattlichen Landhäusern, sowie die Festungswerke am Eingang zur oberen Bai von New York.

Bald hatte man das offene Meer erreicht. Da hielt
der Dampfer plötzlich an. Die Fahrgäste eilten an die
linke Seite des Schiffes. Auch Doktor Walter und
Alfred schauten über die Brüstung. Sie sahen ein
kleines Segelboot an den Dampfer herankommen.
Eine Strickleiter fiel in dasselbe, der Lotse kletterte auf
der Leiter hinab, der Dampfer ging weiter und ließ
das Lotsenboot zurück. Jetzt war der Kapitän der
Führer des Schiffes.

„Nun, Alfred," sprach Doktor Walter, „wollen wir
in unser Zimmer gehen. Ich habe meine Sachen schon
ausgepackt, und Sie können das gleiche tun."

Die beiden stiegen dann auf einer Treppe in die
Räume der Kajüte und kamen auf einem Gange in ihre
Kammer No. 30. Alfred fand sie etwas eng. Die
beiden Betten waren an der Wand übereinander angebracht, das Sofa und der Waschtisch waren klein;
allein alles war nett und rein. Alfred schob seinen
Koffer unter das Bett. Doktor Walter zeigte seinem
Reisegefährten den Schrank und sagte: „Sie haben
hier noch genügend Raum für Ihre Kleider. Die

Kammer ist zwar eng, aber für zwei gute Kameraden
hat sie Platz genug. Am Morgen steht zuerst der eine
von uns auf, um sich zu waschen und anzukleiden, und
dann der andere. So wird es schon gehen. Nun ziehen
5 Sie wärmeres Unterzeug an, denn auf dem Ozean ist
es meist kühler als auf dem Lande. Dann hängen Sie
Ihre Kleider in den Schrank. Ihre Reisetasche stellen
Sie zu der meinigen auf den Schrank. Ich gehe in den
Speisesaal, um uns Sitze zu belegen. Es wird bald
10 zum Mittagessen schellen. Dann kommen Sie auch.
Ich hoffe, das erste Mittagsmahl an Bord wird uns
trefflich schmecken."

———

2.

Der erste Nachmittag auf dem Dampfer

Alfred befolgte Herrn Doktor Walters Rat. Er zog
15 wärmeres Unterzeug und einen schweren grauen Herbstanzug an und wollte gerade auf Deck gehen. Da schellte
es zum zweiten Male. Er eilte in den Speisesaal und
blickte in den freundlichen Raum. Die weißen Tisch-
tücher und Mundtücher, die silbernen Messer und Ga-
20 beln, die blanken Teller und Gläser, alles sah sauber
und einladend aus. Doktor Walter saß schon an einem
Tische und Alfred nahm ihm gegenüber Platz. Neben
Alfred setzte sich ein alter Mann mit weißem Haar und
langem weißem Barte, neben den Arzt ein junger
25 Amerikaner, namens Hill, mit seiner Schwester. Der
Platz am Ende des Tisches gehörte dem ersten Offizier

des Schiffes und war noch frei. Jetzt erschien auch dieser. Doktor Walter war mit Herrn Sievers, so hieß der Offizier, auf dem Decke schon bekannt geworden und stellte ihm seinen jungen Freund Alfred Strong
5 vor. Dieser las nun den Speisezettel. Es gab zum Mittagessen Suppe, drei Gänge: Fisch und zweierlei Braten mit Kartoffeln und Gemüse, als Nachtisch eine süße Speise und dazu noch Früchte und Käse.

Die See war beinahe so ruhig wie ein Fluß und
10 glatt wie ein Spiegel. Der Dampfer bewegte sich kaum merklich. Alle Plätze waren besetzt. Die Fahrgäste plauderten, scherzten und lachten. Die Aufwärter in blauen Jacken, Westen und Hosen brachten flink die Speisen und nahmen die leeren Platten und Teller
15 hinweg. Den Reisenden schmeckte das Essen sehr gut. Viele von ihnen tranken bei Tisch ein Glas Bier oder Wein.

„Dies ist Ihre erste Seereise, nicht wahr?" sprach der Offizier zu Alfred, und dieser antwortete: „Jawohl,
20 mein Herr, ich fahre zum ersten Male auf einem See-dampfer."

„Ich auch," bemerkte der Greis an der Seite Alfreds. Alle schauten ihn erstaunt an. Aber der alte Mann mit dem wetterbraunen Gesicht und den klugen Augen fuhr
25 fort: „Ich verließ Deutschland vor fünfzig Jahren als ein armer junger Bursche. Damals fuhren nicht mehr als zehn kleine Dampfer von Bremen und Hamburg nach Amerika. Die Reise im Zwischendeck war mir zu teuer. Deshalb wurde ich Schiffsjunge auf einem

Segelschiffe. Dafür hatte ich freie Reise. Aber ich mußte schwer arbeiten, und die Seekrankheit machte es noch schlimmer. Im Vergleich mit jenem Segelschiffe scheint mir dieser Dampfer ein wahres Paradies zu sein. Nach 42 Tagen landeten wir in New Orleans. Ich fand in jener Stadt Arbeit, allein ich konnte das Klima nicht vertragen ; und hatte häufig schlimmes Fieber. Nach mehreren Jahren ging . ich nach dem Nordwesten und kam nach Wisconsin. Dort arbeitete ich bei einem Landmann, denn ich hatte kein Handwerk gelernt. Mit der Zeit sparte ich mir genug, um selbst ein Gut kaufen zu können. Ich heiratete, und von Jahr zu Jahr ging mir's besser. Meine Eltern sind früh gestorben. Ich habe aber noch eine Schwester in Deutschland, und jetzt fahre ich in die alte Heimat, um sie auf mein Landgut zu holen."

„Sie waren also fünfzig Jahre nicht in Deutschland, Herr Olsen?" sagte jetzt der Offizier. „Da werden Sie große Veränderungen bemerken. Vor allem haben Handel und Verkehr seit 1871 sehr zugenommen. Die Wunden der vielen schrecklichen Kriege sind geheilt. Die Städte werden Ihnen sicher gefallen. Überall finden Sie gut gepflasterte, reine Straßen mit stattlichen Häusern, feine Läden, freie Plätze mit schattigen Bäumen und Denkmälern und große, schöne Fabriken. Man spricht oft vom raschen Wachstum der amerikanischen Städte, aber in den letzten dreißig Jahren sind verschiedene deutsche Städte gerade so schnell gewachsen."

„Das habe ich am Rhein mit eigenen Augen gesehen,“ bemerkte jetzt der junge Amerikaner an der Seite des Doktors. „Ich besuche einzelne Fabrikstädte, wie Krefeld, Barmen, Elberfeld und Solingen von Zeit zu Zeit, um Waren zu kaufen, und jedesmal bin ich erstaunt über das Wachstum dieser Städte.“

„Sie kaufen also Waren in Deutschland?“ fragte Alfred verwundert. „Ich glaubte, wir Amerikaner wären in Gewerben und in Erfindungen das erste Volk der Welt.“

„Gewiß haben wir eine riesige Gewerbtätigkeit,“ antwortete Herr Hill. „Deutschland stellt jedoch verschiedene Waren gerade so gut und billiger her. Außerdem können die amerikanischen Fabriken oft den Bedarf nicht befriedigen. Deshalb kaufen wir manche Dinge, wie zum Beispiel Nadeln und Messerklingen, am Rhein.“

„Freund Alfred, über Erfindungen möchte ich ein Wort sagen,“ sprach nun Doktor Walter. „Sie schauten eben auf Ihre Uhr. Nun, die erste Taschenuhr wurde 1509 von dem Nürnberger Henlein in Deutschland gemacht. Es gäbe weder Zeitungen noch Bücher, hätte nicht der Mainzer Bürger Johann Gutenberg 1440 die erste Presse gebaut und die erste Bibel gedruckt. Berthold Schwarz in Freiburg erfand 1350 das Schießpulver, Otto von Guericke in Magdeburg 1654 die Luftpumpe, der Apotheker Bötticher in Sachsen 1702 das Porzellan, Senefelder in München 1798 den Steindruck, Schröder in Dresden 1707 das Pianoforte, und vor nicht langer Zeit, 1895, hat uns Profeffor Röntgen von Würzburg über die X-Strahlen belehrt. Sie fehen alfo, auch Deutschland hat der Welt einige wichtige Erfindungen gegeben."

Jetzt war das Effen zu Ende. Der Offizier rief seinen Nachbarn „Mahlzeit!" zu, und alle gingen nun auf Deck.

3.
Ein Erlebnis im Mufikzimmer

An Bord der Phönizia.

Liebe, gute Mutter!

Dies ist der erfte Brief, den ich auf dem Dampfer schreibe. Weißt Du, ich bin Dir recht dankbar, daß ich durch Dich Deutsch gelernt habe. Denn ich kann die Unterhaltung der deutschen Reisegefährten verftehen und auch ganz gut mit ihnen sprechen. Es geht zwar etwas langfam, und ich mache manchmal Fehler, allein Doktor Walter ift sehr gütig und hilft mir immer, wenn mir ein Wort fehlt.

Heute abend habe ich eine wertvolle Bekanntfchaft gemacht, die ich meiner Mufik und meinem Deutsch verdanke. Höre, wie dies zuging.

Doktor Walter und ich ftanden an der Brüftung und schauten auf das Meer. Da erklang im Mufikzimmer plötzlich eine wunderschöne Frauenftimme. Im Nu waren wir unten. Am Klavier ftand eine ftattliche Dame und fang einige Töne. Dann fprach fie zu ihren

Freunden: „Wenn mich jemand begleiten könnte,
würde ich Ihnen gerne Beethovens Lied der Mignon
singen."

Rasch stellte mich Doktor Walter vor. Ich setzte mich
5 an das Klavier und begleitete die Sängerin. Zuerst
sang sie Mignon und dann noch einige Lieder von
Schubert.

Die Dame war die berühmte Opernsängerin Frau
Schumann-Heink. Sie dankte mir für meine Beglei-
10 tung und begann mit mir zu plaudern. Sie erzählte
mir von den prächtigen Opernvorstellungen, die es in
deutschen Städten wie Berlin, München, Dresden,
Hamburg und Frankfurt regelmäßig gibt, sowie von
den vielen Orchester- und Militärkonzerten. Diese sind
15 ebenso gut als billig. Schon für 50 Pfennige, also für
12 Cents, kann man in schönen Gärten ein ausgezeich-
netes Konzert von einer Militärkapelle hören.

Am meisten erzählte sie mir aber von dem berühmten
Wagnertheater in Bayreuth, in welchem im Sommer
20 nur Opern von Richard Wagner gegeben werden.
Dann kommen Leute aus ganz Deutschland, aus Frankreich, Italien, England, Rußland und aus Amerika in
diese kleine Stadt, um diese großartigen Opern zu sehen
und zu hören.

25 Ich werde in Berlin sehr sparsam sein. Dann habe
ich im Sommer des nächsten Jahres Geld genug, um
nach Bayreuth zu reisen und eine der herrlichen Vor-
stellungen, vielleicht Lohengrin, Tannhäuser, Tristan
und Isolde oder Parsifal zu hören.

Es schellt zum Essen, und ich bin wieder sehr hungrig.
Also für heute genug!

Mit den herzlichsten Grüßen

Dein Dich liebender Sohn

Alfred.

4.
In der Kajüte eines Offiziers

Herr Sievers, der erste Offizier der Phönizia, hatte mit seinen Tischnachbarn einen Gang durch das Schiff gemacht. Alfred war besonders erstaunt über die große Menge von Vorräten, die er sah. Herr Sievers teilte seinen Begleitern mit, was ein Dampfer gewöhnlich auf einer Reise an Lebensmitteln nötig hat. Er braucht über 30,000 Pfund frisches Fleisch, Speck, Geflügel und Wild, Fische, Rauchfleisch, Zunge, Schinken und Wurst, eine entsprechende Menge frische und Kannen-Gemüse, Dürrobst, eingemachte Früchte, Kartoffeln, Mehl, Brot, Butter, Eier, Käse, Zucker, Kaffee, und ähnliche Mengen Getränke.

Nach dieser Mitteilung führte Herr Sievers die Gesellschaft in seine Kammer. Er lud seine Gäste zum Sitzen ein und ließ ihnen eine Tasse Tee mit Zwieback kommen. Doktor Walter sah über dem Schreibtisch des Offiziers zwei Photographien, die seine Teilnahme erregten. Herr Sievers bemerkte dies und begann: „Diese zwei Bilder zeigen uns die Entwicklung des deutschen Seehandels in den letzten fünfzig Jahren.

Auf dem einen sehen wir den Segler Deutschland, das
erste Schiff der Linie, das im Jahre 1848 von Hamburg nach New York fuhr. Es machte mit 200 Aus-
wanderern die Reise von Hamburg nach New York in
5 42 Tagen. Auf dem andren Bilde sehen wir den
Schnelldampfer Deutschland, der in 5 Tagen, 7 Stunden und 38 Minuten von Hamburg nach New York
fährt. Ein solcher Riese des Ozeans trägt soviel wie
1600 Eisenbahnwagen und dazu noch 4000 Menschen
10 über das Meer.

Unsere amerikanischen Freunde haben vielleicht noch
nichts von der Hansa gehört. Dies war ein Bund, der
über 80 deutsche Städte umfaßte, eine Kriegsflotte von
mehr als 200 Schiffen zum Schutze des Handels besaß,
15 und vom dreizehnten bis zum Ende des sechzehnten
Jahrhunderts in Blüte stand. Damals beherrschte die
Hansa den Handel in allen Ländern der nördlichen
Meere und hatte überall ihre großen Warenhäuser oder
Stapelhöfe. So zum Beispiel besaßen die deutschen
20 Kaufleute in London den großen „Stahlhof" an der
Themse und genossen dort wie anderswo bedeutende
Vorrechte. Allein durch viele Kriege ging Deutschland
zurück und verlor seinen Seehandel fast ganz. Es gab
keine deutsche Flotte mehr. Heute sind die Hamburg-
25 Amerika Linie, die allein über 350 Fahrzeuge besitzt,
und der Norddeutsche Lloyd die zwei größten Dampferlinien, die es gibt. Bremen ist der größte Tabak- und
Reismarkt. Hamburg ist der drittgrößte Hafen der Welt,
und seine Handelsflotte besteht aus nahezu 1100

Schiffen, worunter 650 Dampfer sind. Die ganze deutsche Handelsflotte zählt über 4000 Seeschiffe, darunter 1545 Dampfer, mit einer Bemannung von etwa 60,000 Seeleuten. Während früher die deutschen Dampfer in England gebaut wurden, gehen sie jetzt alle aus deutschen Werften hervor. Blohm und Voß in Hamburg an der Elbe, Germania in Kiel, dem Kriegshafen an der Ostsee, Schichau in Danzig an der Weichsel, und vor allen Vulcan zu Stettin an der Oder gehören zu den größten Schiffsbauhöfen der Welt."

„Es freut mich, dies zu hören," sagte jetzt der alte Landwirt aus Wisconsin. „Als ich vor fünfzig Jahren über das Meer fuhr, hätte man dies alles für unmöglich gehalten."

„Das glaube ich wohl," bemerkte der Offizier. „Damals war Deutschland arm, seine Regierungen waren schwach und uneinig, und in Handel und Gewerbe stand es hinter England und Frankreich weit zurück. Der deutsche „Michel", der Träumer mit der Schlafmütze, hatte unter dem Spott seiner erfolgreichen Nachbarn viel zu leiden."

„Wie kam denn der Deutsche zu dem Spitznamen Michel?" fragte nun Alfred. „Das ist leicht zu verstehen," erwiderte der Offizier. „Unter allen Heiligen war der Erzengel Michael, der mit dem Teufel und dem Drachen kämpfte, bei den Deutschen am beliebtesten. Das Banner dieses Schutzheiligen wurde den Deutschen in vielen Schlachten vorangetragen. Darum gaben zur Zeit der Kreuzzüge die fremden Ritter den

Deutschen den Spitznamen Michel. Man verstand darunter einen gutmütigen, aber unbeholfenen und un-
geschliffenen Menschen. In neuerer Zeit haben Dichter
den deutschen Michel als einen starken Mann dargestellt,
5 der schlummert, während Feinde ihn necken. Eine Zeit
lang achtet er nicht darauf, dann aber erwacht er und
schlägt wütend um sich, daß die Feinde nach allen Seiten
entfliehen."

Die beiden Freunde dankten dem Offizier für seine
10 Mitteilungen und begaben sich dann ins Rauchzimmer.
Als sie eintraten, unterhielt der Schiffsarzt gerade
einige Reisende mit witzigen Geschichten und Rätseln.
Er fragte eben einen Herrn: „Sagt man auf Deutsch:
5 und 7 ist 13 oder 5 und 7 macht 13?"

15   „Ich würde sagen: 5 und 7 macht 12," antwortete
der Herr und freute sich, daß er nicht hereingefallen
war.

Von den Geschichtchen, die unsere Freunde noch hörten, gefielen zwei Alfred so gut, daß er gleich darauf
20 in seine Kammer ging, um sie aufzuschreiben. Das
eine enthielt eine witzige Bemerkung des Begründers
der deutschen Bühne:

Jemand lobte in Gegenwart Lessings ein gewisses
Buch und sagte: „Es ist viel Wahres und Neues da-
25 rin." Darauf erwiderte der berühmte Dichter: „Es
ist nur schade: Das Wahre in dem Buche ist nicht neu,
und das Neue ist nicht wahr."

Das andre Geschichtchen zeigte den Witz des größten
deutschen Schauspieldichters:

Friedrich Schiller lernte in seiner Jugend die Harfe
spielen. Ein unfreundlicher Nachbar sagte spöttisch zu
ihm: „Herr Schiller, Sie spielen wie David, nur nicht
so schön!" — „Und Sie," erwiderte Schiller schnell,
5 „Sie reden wie Salomo, nur nicht so klug!"

———————

5.
Auf der Nordsee

Sonntag, den 25. Juli.

Liebe Mutter!

Wir sind nun neun Tage an Bord und haben bisher
10 das schönste Wetter gehabt. Als wir uns aber gestern
abend England näherten, befanden wir uns mit einem
Male in einem dichten Nebel. Ich ging früh zu Bett,
konnte jedoch nicht viel schlafen, denn die mächtige
Dampfpfeife heulte während der ganzen Nacht. Früh
15 am Morgen wurde ich plötzlich aus dem Schlafe geweckt.
Ein furchtbarer Stoß, ein lauter Krach, und die Maschine stand still. Im Nu sprang ich aus dem Bette!
Doktor Walter stand schon an der Türe. Schnell
schlüpfte ich in meine Kleider, und wir eilten auf Deck.
20 Dort fanden wir schon viele Fahrgäste, und alle waren
voll Aufregung und Angst. Einer fragte den andren,
was vorgefallen sei.

Da kam Herr Sievers, der erste Offizier, mit mehreren Matrosen vom Vorderdeck. Alle waren von
25 oben bis unten naß. Herr Sievers trat zu den Fahr-

gästen und sagte: „Ein Segelschiff ist im Nebel gegen
die Seite der Phönizia gefahren. Zum Glück hat der
Stoß unser Boot gar nicht, und das andere nicht viel
beschädigt. Es wurden jedoch zwei Matrosen des Segel-
schiffes in die See geschleudert. Wir ließen rasch ein
Boot ins Wasser, fischten die Leute aus der See und
brachten sie an Bord ihres Schiffes. Dabei sind wir
etwas naß geworden und wollen jetzt unsre Kleider
wechseln." Diese Worte des Offiziers beruhigten die
Fahrgäste, und als jetzt auch der Dampfer wieder weiter
fuhr, gingen die meisten in den Speisesaal, wo das
Frühstück bereit stand. Doch der Nebel verschwand erst
heute abend, als wir in die Nordsee kamen.

Nach dem Abendessen gingen Doktor Walter und ich
zum Zahlmeister und wechselten unser amerikanisches
Geld gegen deutsches um. Ich hatte noch 44 Dollars,
und da der Dollar auf 4 Mark und 18 Pfennig stand,
erhielt ich 183 Mark und 92 Pfennig. Wir trafen
hierauf Herrn und Fräulein Hill auf Deck. Sie rich-
teten gerade ihre Uhren, die noch New Yorker Zeit
zeigten, denn der Unterschied zwischen New York und
Hamburg beträgt 6 Stunden. Während wir also auf
der Nordsee in der Nähe Hollands 10 Uhr haben, ist es
bei euch im Westen erst 4 Uhr nachmittags, und ihr
macht vielleicht jetzt gerade einen Spaziergang.

Hier wurden meine Gedanken plötzlich unterbrochen
durch ein Lied, das auf dem Zwischendeck von Deutschen gesungen wurde. Ich trat näher und konnte jedes
Wort verstehen:

„Deutſche Worte hör' ich wieder,
Sei gegrüßt mit Herz und Hand!
Land der Freude, Land der Lieder,
Schönes, heitres Vaterland!
5 Fröhlich kehr' ich nun zurück,
Deutſchland, du mein Troſt, mein Glück!"

So ſangen die Leute. Ich wünſche, daß ſie in ihrer
alten Heimat alles ſo finden, wie ſie es erwarten, und
daß in Deutſchland auch meine Hoffnungen erfüllt wer-
10 den. Mit tauſend Grüßen
Dein Dich herzlich liebender Sohn
Alfred.

_____

6.
Landung in Hamburg

Am Montag früh ging die Phönizia in Curhaven,
15 100 Kilometer von Hamburg, vor Anker. Da es gerade
Ebbe war, konnte ſie nicht auf der Elbe bis nach Hamburg fahren. Die Reiſenden verließen deshalb das
Schiff, und ein kleiner Dampfer brachte ſie mit dem
Gepäck ans Land. Als der Dampfer ſich der Werft
20 näherte, ſtanden die Tiſchnachbarn an der Brüſtung
und ſchauten auf die Leute, die am Ufer Freunde oder
Bekannte aus der neuen Welt erwarteten. Plötzlich
rief eine weibliche Stimme aus der Menge: „O Georg,
Georg, da biſt du ja wieder!" Und eine ältere Frau
25 trat aus der Reihe heraus und nickte unſrem Landmann freundlich zu. Die Tiſchnachbarn erkannten in

ihr sofort die Schwester Herrn Olsens, so ähnlich sah
sie dem alten Manne. Dieser wurde von der Freude,
seine Schwester wiederzusehen, aufs tiefste bewegt. Er
sprach kein Wort, denn er fand keinen Ausdruck für
seine Gefühle, und blickte gerührt auf die Schwester.
Nach der Landung eilte er auf sie zu und begrüßte sie
herzlich. Doktor Walter, Alfred und die Hills nahmen
jetzt Abschied von Olsen. Dann betraten sie das Zollamt. Dort lagen in einem riesigen Raume auf langen,
niedren Tischen die Koffer der Reisenden. Das Handgepäck brachten viele mit sich, für andere trugen es die
Aufwärter in das Zollamt. Die Reisenden öffneten
ihre Koffer und Reisetaschen, und die Beamten fragten:
„Haben Sie etwas zu versteuern?" Wenn ein Rei-
sender antwortete: „Ich habe nichts zu verzollen," so
untersuchte der Beamte den Koffer nur flüchtig. Die-
jenigen, die etwas zu versteuern hatten, mußten Zoll
bezahlen. Dann wurden die Koffer in einen Eisenbahnzug gebracht. Viele Reisende nahmen ihre Reisetaschen selbst in die Hand, andre ließen sie von einem
Dienstmanne in den Wagen tragen. Dem Dienstmanne
oder Gepäckträger gaben sie dafür ein kleines Trinkgeld.
       Als Alfred den langen Zug im Bahnhof stehen sah,
bemerkte er sogleich, daß die deutschen Eisenbahnwagen
kleiner sind, als die amerikanischen. Er stieg mit Doktor Walter und den Hills ein und fand im Inneren der
Wagen mehrere Abteilungen und in jedem Abteil Sitze
für 8 Personen.
       Die Reisenden nahmen Platz, ein schriller Pfiff er-

Lagerhäuser im Hamburger Hafen

tönte, und der Zug verließ die Station. Er fuhr durch
fruchtbares Ackerland und hübsche Gärten und kam
etwa zwei Stunden später in Hamburg an. Diese
Stadt ist, wie Bremen und Lübeck, eine freie Reichsstadt.
Sie wird durch einen Senat verwaltet, dessen 18 Mitglieder auf Lebenszeit gewählt sind.

Unsre Freunde wollten an demselben Tage noch
weiter reisen. Sie gaben deshalb ihre Reisetaschen am
Schalter für Handgepäck ab und erhielten für jeden
Gegenstand einen Schein. Auf allen größeren Bahn-
höfen Deutschlands gibt es Wartezimmer und Er-
frischungsräume erster, zweiter und dritter Klasse. Auch
die Züge haben Wagen erster, zweiter, dritter, und
öfters auch vierter Klasse.

Doktor Walter führte seine Reisegenossen in den
Erfrischungsraum erster und zweiter Klasse. Er nahm
mit ihnen an einem Tische Platz und verlangte die
Speisekarte. Hr. und Jrl. Hill bestellten Hamburger
Steak und Bratkartoffeln. Doktor Walter ließ sich ein
Kalbskotelett mit Salat, und Alfred Eierkuchen mit
Schinken geben. Doktor Walter trank ein Glas bayri-
sches Bier, die anderen drei Kaffee zu ihrer Mahlzeit.
Sie fanden die Speisen und Getränke wohlschmeckend
und die Preise mäßig. Während des Essens unterhielten sie sich über die deutschen Eisenbahnen. Fräulein
Hill wunderte sich, daß so wenige Wagen Abteilungen
erster Klasse haben. „Das ist leicht erklärlich," erwiderte ihr Bruder, der schon oft auf deutschen Bahnen
gefahren war. „Die meisten Leute benutzen die dritte

Klasse, weil der Fahrpreis so gering ist, kaum ²/₃ Cent
für den Kilometer. Nur etwa ein Viertel aller Reisenden fahren zweiter, und kaum 5 Prozent erster Klasse,
die dreimal soviel kostet als die dritte. Auch die Fracht-
5 raten sind billig und im ganzen Lande dieselben, so daß
jeder Lehrling den Betrag der Fracht für irgend eine
Sendung leicht ausrechnen kann. Trotz des mäßigen
Fahrpreises und des Baues großartiger Bahnhöfe zieht
die Regierung aus dem Betrieb der Bahnen einen Ge-
10 winn von etwa 7 Prozent." „Hat denn der Staat alle
Bahnen gebaut?" fragte nun Alfred. „Nein," antwortete Dr. Walter, „in früherer Zeit waren fast alle
Eigentum von Aktiengesellschaften, jetzt aber gehören
mehr als neun Zehntel aller Eisenbahnen den verschie-
15 denen deutschen Staaten."

Inzwischen hatten die Reisegenossen ihre Mahlzeit
beendigt, und nun nahmen sie vor dem Bahnhofe eine
Droschke, um eine Rundfahrt durch die Stadt zu machen.
Doktor Walter zeigte seinen Freunden den Tarif oder
20 die Liste, die man in allen Droschken findet. Diese Liste
gibt die Preise für die verschiedenen Entfernungen an,
so daß man nie zu viel zu bezahlen hat.

<hr />

7.
Durch Hamburg und den Sachsenwald

Die Reisenden ließen sich zuerst an das berühmte
25 Alsterbecken bringen. Dieses liegt im Herzen der
Stadt, in der man überall Kanäle und Flüsse findet.

Denn die Elbe fließt in mehreren Armen durch Hamburg, und ein kleiner Fluß, die Alster, mündet hier in die Elbe. Das Becken der Alster war von kleinen Dampfern, Fähren, Booten und Frachtschiffen belebt.
5 Ringsum laufen breite Straßen mit schattigen Lustgängen und vornehmen Häusern. In den Straßen ging eine bunte Menge spazieren. Vor den Gasthöfen und Erfrischungsräumen standen viele kleine Tische und Stühle auf dem Bürgersteig. Hier saßen bei dem
10 schönen Wetter Hunderte von älteren und jüngeren Damen und Herren, tranken Kaffee, Limonade, Wein oder Bier, lasen die Zeitung, plauderten miteinander, oder schauten auf die Vorübergehenden. Dann fuhren unsre Freunde nach dem neuen Rathaus und bewunder-
15 ten diesen prächtigen Bau.

Als sie an den Hafen kamen, war Hr. Hill erstaunt über die neuen, fest gebauten riesigen Schuppen an den Becken des Hafens. In diesen Becken legen die Frachtschiffe an, und die Waren aus allen Teilen der Welt
20 werden hier in Eisenbahnwagen geladen und unmittelbar in die verschiedenen Städte des Festlandes von Europa gebracht. Der Handel von Hamburg allein erreicht fast den Wert des gesamten Handels von Frankreich, nahezu 8000 Millionen Mark. 45,000 Kähne
25 bringen einen großen Teil der Güter aus dem Innern des Landes, Zucker, Bier, Papier, Maschinen und Erzeugnisse der Weberei, sowie der chemischen Fabriken.

Um zwei Uhr kehrten die Reisegenossen an den Bahnhof zurück, wo sie sich verabschiedeten. Hr. Hill nahm

mit seiner Schwester den Schnellzug nach Jena, wo
diese sich auf der Universität im Deutschen ausbilden
wollte. Dr. Walter aber bestieg mit seinem Freunde
einen Vorortzug nach Friedrichsruh, denn sie wollten
5 den Nachmittag dazu benutzen, das Grab Bismarcks
zu besuchen. In wenigen Minuten hielt der Zug am
Bahnhof Friedrichsruh.

Ein Förster des Bismarck'schen Gutes führte unsere
Freunde zu der Gruft im Sachsenwalde, wo, im Schat-
10 ten alter Eichen, der größte Deutsche des neunzehnten
Jahrhunderts von heißen Kämpfen um seines Vater-
landes Größe ausruht. Als die Besucher in tiefem
Schweigen vor dem Denkmal standen, traten etwa 30
ältere Männer ein. Es waren wohl Mitglieder irgend
15 eines Vereines. Ein hoher Greis trat aus ihrer Mitte
und sprach: „Meine Freunde! Der Held, der das
deutsche Volk geeint und das deutsche Reich geschaffen
hat, nannte sich auf seiner Grabschrift einfach und bescheiden „einen treuen Diener Wilhelms des Ersten".
20 In der Tat blieb er stets seinem Wahlspruch treu: „Im
Dienst fürs Vaterland verzehr' ich mich." Auch nach
seiner Entlassung hat er als Lehrer und Führer seines
Volkes oft seine warnende Stimme erhoben, und tref-
fend sind die Worte, die ein Dichter ihm gewidmet hat:

25   Erst verspottet, dann befehdet, viel geschmäht
                in allen Landen,
          Hat er dennoch hohen Mutes aufrecht stets
                und fest gestanden;

Bismarck in Friedrichsruh

Dann gehaßt und dann gefürchtet, dann
   verehrt, geliebt, bewundert,
Also steht er, eine Säule, überragend das
   Jahrhundert."

5   Dann legte der Greis einen großen Kranz vor dem
Denkmal nieder.

Tief bewegt verließen unsere Freunde die geweihte
Stätte und dankten ihrem Führer beim Abschied für die
launigen Geschichtchen, die er ihnen aus dem Leben
10 Bismarcks erzählt hatte.

Schnell brachte sie ein Zug nach dem Bahnhof in
Hamburg zurück. Dort nahmen sie am Schalter ein-
fache Fahrkarten zweiter Klasse für den Schnellzug nach
Braunschweig. Dann ließen sie das Gepäck wiegen,
15 denn man hat auf den preußischen Bahnen kein Freigepäck. Nur Handgepäck ist frei, wenn man es mit sich
in den Wagen nimmt. Hierauf gaben sie am Schalter
für Handgepäck ihre Scheine ab, bezahlten für jedes
Stück zehn Pfennig und erhielten ihre Reisetaschen
20 zurück.

Mit diesen betraten sie den Bahnsteig. Alfred bemerkte, daß es in den Wagen Abteilungen für Damen,
für Raucher und für Nichtraucher gibt. Sie stiegen in
einen Abteil für Nichtraucher und nahmen Platz. Ein
25 Schaffner kam, und sie mußten demselben ihre Fahrkarten vorzeigen. Hierauf gab ein Beamter mit einer
roten Mütze das Zeichen zum Abfahren. Von der
Lokomotive ertönte ein schriller Pfiff, und der Zug

setzte sich in Bewegung. Von der stolzen Handelsstadt an der Elbe ging es durch die norddeutsche Tiefebene nach dem Harzgebirge.

8.
Launige Geschichten aus Bismarcks Leben

1. Eine wohlverdiente Lehre

Als junger Gesandter mußte Bismarck einst dem mächtigen Minister Österreichs einen Besuch machen. Es war ein heißer Sommertag. Der Herr Minister saß in Hemdärmeln an seinem Schreibtische und rauchte eine Zigarre. Er ließ den Vertreter Preußens lange stehen, ohne ihn zu beachten. Dieser hustete, aber der Minister fuhr fort zu lesen. Da zog Bismarck ebenfalls seinen Rock aus, stellte seinen Stuhl neben den des Ministers, nahm eine Zigarre und sprach: „Exzellenz, darf ich Sie um etwas Feuer bitten?" Der Minister war sprachlos vor Erstaunen. Er legte seine Zigarre weg — Bismarck auch. Er zog seinen Rock an — Bismarck auch. Und nun begann die Unterredung.

2. Eine erfolgreiche List

Während Bismarck als Gesandter Preußens beim deutschen Bundestage in Frankfurt war, kam eines Tages der Vertreter Hannovers zu ihm und fragte ihn, wie er es anfange, daß seine Briefe von den Spähern Österreichs nicht geöffnet würden. Bismarck lud den Hannoveraner ein, ihn auf seinem Spaziergange zu

begleiten. Er führte ihn in eine entlegene Gasse, wo
nur arme Handwerker und Händler der bescheidensten
Art wohnten. Dort zog er zum Erstaunen seines Be-
gleiters Handschuhe an und trat dann mit ihm in einen
Krämerladen. „Habt Ihr hier auch Seife?" fragte er
den Ladendiener. „Ja wohl." „Welche Sorte?" Der
Handlungsdiener nannte verschiedene und legte Bismarck einige Stücke vor. Dieser wählte ein sehr stark
riechendes Stück und steckte es in seine Tasche. Dann
fragte er nach Briefumschlägen, und der Verkäufer
legte ihm einige der gewöhnlichsten Art vor. Darauf
zog Bismarck einen Brief aus der Brusttasche seines
Rockes, steckte ihn in den Briefumschlag, den er gekauft
hatte, forderte Tinte und Feder und fing an, die Aufschrift zu schreiben. Aber mit den Handschuhen ging
das nicht. Er bat daher den Handlungsdiener, diese
Arbeit für ihn zu besorgen. Der junge Mann tat dies
bereitwillig. Auf Bismarcks Dank antwortete er höflich: „Bitte sehr, es ist gern geschehen." Bismarck
steckte den Brief in die Tasche zu der Seife und sagte
auf der Straße zu dem Hannoveraner: „So, unter
dieser Aufschrift und diesen Düften von Seife, Härin-
gen und Käse werden sie gewiß meinen Brief nicht vermuten."

3. Eine schlaue Antwort

Bismarck besuchte nach einer Schlacht des deutsch-
französischen Krieges das Lazarett, wo die Verwundeten
lagen. Er bemerkte einen schwerverwundeten Soldaten
und wollte ihn trösten. Er fragte ihn daher, was er als

Belohnung für seine Tapferkeit wünsche, das eiserne
Kreuz oder eine Geldsumme von 100 Talern, und er-
laubte ihm zu wählen. Der Soldat fragte: „Was ist
das Kreuz wert?" — „Etwa drei Taler," erwiderte
5 Bismarck. — „Dann wünsche ich das Kreuz und 97
Taler," war die schlaue Antwort des Soldaten.

4. Des eignen Wertes wohl bewußt

Bismarck war Fürst geworden. Am Tage seiner Ernennung war er zum Prinzen Karl von Preußen ge-
10 laden. Der Prinz empfing ihn mit den Worten: „Nun,
wie fühlen Sie sich als Fürst?" — „Königliche
Hoheit," antwortete Bismarck, „gerade so anständig
wie vorher."

9.
Durch Marsch und Heide

15 Auf der Strecke zwischen Hamburg und Lüneburg
fuhr der Zug zuerst durch die Marsch, einen Streifen
fruchtbaren Landes, der sich längs der Nordsee zu beiden Seiten der Elbe hinzieht. Alfred bemerkte große
Dämme in der Ebene und fragte seinen Freund, wozu
20 diese da wären. „Über tausend Jahre," erklärte nun
Dr. Walter, „haben hier die Friesen, ein kräftiger
deutscher Volksstamm mit blauen Augen und blonden
Haaren, das tiefgelegene Land gegen die Fluten des
Meeres verteidigt und zum Schutze desselben mächtige
25 Deiche gebaut. Ihre Nachkommen müssen noch immer
auf der Wacht sein. Diese reichen Bauern der Marsch

sind ernste und ruhige Menschen; selten hört man ein
fröhliches Lied aus ihrem Munde, wohl aber Sprüche
voll von Lebensweisheit. Sie sind stolz auf ihre Heimat
und blicken mit Verachtung auf die armen Bewohner
der benachbarten Heide, die sich bis an die Berge hinzieht und unfruchtbar ist." Alfred fand die Heide mit
den roten Glöckchen der Erika und den weißen Blüten
des Buchweizens ganz malerisch. Bald aber begann es
dunkel zu werden, und man konnte nichts mehr von
der Gegend sehen. Darum erbot sich nun Dr. Walter,
seinem Freunde eine Geschichte vorzulesen, in welcher
ein niedersächsischer Schriftsteller ein getreues Bild von
dem Leben seiner Landsleute gibt. Alfred war sehr
begierig, diese Geschichte zu hören, und Dr. Walter
begann:

Warum Wilhelm Rohde in der Heimat blieb

Die Auswanderer saßen alle um den langen Tisch.
Ein Mädchen lief hin und her, trug Speisen auf und
schenkte aus der Tonne das Braunbier. Es waren
meistens Feldarbeiter, die im Dorfe nur ein karges
Auskommen fanden. Ihre Kinder in Amerika, Söhne
oder Töchter, hatten ihnen geschrieben, daß man im
Westen gutes Land um geringen Preis kaufen könne.
Nun wollten sie auch ihr Glück versuchen.

Die Sonne warf leuchtende Strahlen in die Diele.
Sie schauten oft hinaus. Dort in der Ferne blinkte
das weite Meer. „Morgen aber sind wir auf deinen
Wellen."

Es wurde kein Lachen laut, kein lautes Wort wurde

gesprochen, keine Rede gehalten. Sie sahen sich mit
blassem Gesichte an, und jeder wußte, was dem andern
durch die Seele fuhr.

Die nahen Bekannten aus dem Dorf, die in der
5 Heimat blieben, standen auf dem Weg oder in dem
weitgeöffneten Tor.

Nun brachen sie auf. Vom Heideberg aus sahen sie
zum letztenmal über Land und Sand und Meer. Die
Heimat warf sich noch einmal an ihre Brust, herzte
10 und küßte sie, und es ward ihnen schwer, sie wegzu-
stoßen und zu sagen: „Wir gehen und kommen nicht
wieder.“

Dann gingen sie alle den Dorfweg entlang nach dem
Bahnhof. Der junge Rohde schritt neben seinem Vater,
15 der ihn zum letzten Male begleitete.

„Grüß’ deine Brüder und Schwestern,“ sagte der
Alte.

„Vater, nun bleibt ihr allein.“

„Ja, das ist so der Welt Lauf.“

20 „Vater, sag’ mal, was wollt ihr abends tun? Die
Zeitung kommt nur zweimal in der Woche. Du rauchst
deine Pfeife und Mutter strickt; aber wovon wollt ihr
sprechen? Und für wen soll Mutter stricken?“

„Es wird wohl etwas stiller bei uns werden. Mutter
25 ist jedesmal stiller geworden, wenn einer von euch fort
ging. Die ersten beiden Kleinen verloren wir;
dann ging Heinrich mit sechzehn Jahren fort, dann die
beiden Mädchen, dann Jürgen, nun du.“

„Wollt ihr nicht vielleicht nachkommen?“

Der Alte schüttelte den Kopf. „Mutter verläßt die
Gräber und das Dorf nicht. Sie ist ja hier geboren."

Es schnürte dem Jungen die Kehle zu. „Hast du
gesehen, daß Mutters Haar ganz grau ist?"

„Ja, du nicht? Mutter ist nicht stark. Sie litt schon
viel in ihrem Leben."

„Erst heute sah ich das graue Haar .... Wenn ich
nur wüßte, was ihr des Abends tun wollt?"

„Da sorg' nur nicht."

„Wenn ihr so still sitzt, und Mutter sieht vor sich hin
auf den Fußboden .... denn zu stricken hat sie wahrhaftig nichts ..."

Sie gingen eine Weile neben einander. Nun kam
die Biegung, wo sie zum letztenmal das Haus sahen.

„Vater ... ich spring noch rasch zurück und will
nachsehen, was die Mutter treibt."

Und er sprang zurück und trat in die offne Tür und
sah in die Stube und fand sie nicht. Da saß sie in der
Küche auf dem Herd, die Hände gefaltet im Schoß,
gebeugt, den stillen Blick ins Leere vor sich hin gerichtet,
und ihr Haar war grau.

„Mutter! Ich will ... hier bei dir bleiben, und
wenn ich auch nie Land und Pferde bekomme. Ich
kann dich nicht allein lassen."

Und als der Junge nicht wiederkam, ging der Vater
zurück und fand die beiden noch auf dem Herdrand
sitzend, und zum ersten Male, seit er kein Kind mehr
war, hatte der große Junge seine Arme um seine Mutter gelegt.

So blieb Wilhelm Rohde in der Heimat, deshalb,
weil er meinte, daß seine Mutter nichts zu tun hätte,
wenn er fortginge.   (Nach Gustav Frenssen.)

Dr. Walter hatte die Erzählung gerade beendigt, als
5 der Schaffner die Tür aufmachte und rief: „Lehrte,
zehn Minuten Aufenthalt, umsteigen nach Hannover!"
Kellner liefen auf dem Bahnsteig hin und her und
riefen: „Kaffee gefällig? Warme Würstchen?"   Dr.
Walter und Alfred hatten Hunger und Durst, und so
10 kauften sie sich eine Tasse Kaffee und für 60 Pfennig
Brötchen und Wurst.   Dann ging es weiter nach der
altertümlichen Stadt Braunschweig, wo sie über Nacht
blieben.

Der Bauer und sein Kind

15   Der Bauer steht vor seinem Feld
        Und zieht die Stirne kraus in Falten:
        „Ich hab' den Acker wohl bestellt,
        Auf reine Aussaat streng gehalten;
        Nun seh' mir eins das Unkraut an!
20   Das hat der böse Feind getan."

        Da kommt sein Knabe hoch beglückt,
        Mit bunten Blüten reich beladen;
        Im Felde hat er sie gepflückt,
        Kornblumen sind es, Mohn und Raden.
25   Er jauchzt: „Sieh, Vater, nur die Pracht!
        Die hat der liebe Gott gemacht."

                              Julius Sturm.

10.

Vom Harz zur Weser und zum Rhein

Von Braunschweig fuhren unsre Freunde mit einer Zweigbahn auf den Brocken, den höchsten Berg Norddeutschlands in dem an Erzen reichen Gebirge des Harz.

Goslar. Kaiferworth und Rathaus

5 Dann besuchten sie Goslar, eine der ältesten Städte in jener Gegend, und besichtigten den Kaiferpalaft aus dem elften Jahrhundert.

Von hier reisten sie weiter durch das Bergland, das sich zu beiden Seiten der Weser hinzieht, nach West-
10 falen, dem Land, das durch die westfälischen Schinken und den Pumpernickel auch in Amerika bekannt ist.

Im westlichen Teil dieser Landschaft, auf einem Berge des Teutoburger Waldes, erhebt sich ein riesiges Denkmal zu Ehren Hermanns, des großen Helden, der Deutschland im Jahre 9 n. Chr. von der römischen
5 Herrschaft befreite.

Alfred beobachtete, daß die Bauerngüter in Deutschland meistens viel kleiner sind als in Amerika, und es fiel ihm besonders auf, daß auch Frauen häufig auf den Feldern arbeiteten.

10 In Paderborn stieg ein Herr ein und setzte sich neben die beiden Fremden. Er grüßte sie höflich und begann ein Gespräch mit ihnen. Als er hörte, daß sie Amerikaner seien und auf der Reise an den Rhein die berühmten Krupp'schen Werke im Tal der Ruhr besuchen
15 wollten, sagte er freundlich: „Da kann ich Ihnen vielleicht von Nutzen sein. Ich habe einen Freund in Essen, der Maschinenbauer ist, und dem es ein Vergnügen sein wird, Ihnen die Eisenwerke zu zeigen. Geben Sie ihm nur meine Karte." Mit diesen Worten zog er
20 eine Besuchskarte aus der Tasche, schrieb den Namen und die Wohnung seines Freundes nebst einigen Worten der Einführung darauf und übergab sie Herrn Dr. Walter. Dieser wollte seinen Dank aussprechen, wurde aber von dem Herrn unterbrochen, der lebhaft
25 fortfuhr: „Bitte sehr! Es freut mich, Ihnen dienen zu können. Aber Sie sollten auch nicht versäumen, die Städte Elberfeld und Barmen im nahen Tal der Wupper zu besuchen." „Ja, gibt es denn da etwas besonders Sehenswürdiges?" fragte nun Alfred. „Ei, gewiß!"

antwortete der Herr. „Haben Sie noch nichts von der
Schwebebahn gehört, welche die beiden Städte verbin-
det? Um den Verkehr auf den Straßen nicht zu hindern, hat man für die Bahn ein Gerüste von Eisen hoch
über dem Flusse gebaut. Daran hängen die Wagen
und schweben an einer Schiene entlang.“

Schwebebahn in Barmen-Elberfeld

Jetzt wandte sich Dr. Walter mit einer Bitte an ihn
und sagte: „Wie ich aus Ihrer Karte ersehe, sind Sie
als Chemiker in den Farbenfabriken in Elberfeld angestellt. Vielleicht haben Sie die Güte, uns etwas von
Ihrer Industrie zu erzählen.“ „Mit größtem Vergnügen,“ erwiderte der Chemiker. „Unsere Industrie
ist eine der jüngsten, aber dennoch wohl die erfolgreichste
Deutschlands. Viele Chemikalien werden nur in

Deutschland erzeugt, und etwa ⁴/₅ aller Farbstoffe, die
in der Welt verbraucht werden, kommen von hier.
Manche anderen Industrien verdanken der unsrigen
ihren Aufschwung, wie zum Beispiel die Färberei von
5 Woll-, Baumwoll- und Seidenstoffen und die Rüben-
zuckerindustrie. Deutsche Fabriken liefern den vierten
Teil alles Zuckers, der auf der Erde verbraucht wird."
     Hier wurde der Chemiker durch den Schaffner unter-
brochen, der ausrief: „Hagen! Umsteigen nach Essen!"
10 Eilig verabschiedeten sich Dr. Walter und Alfred von
ihrem liebenswürdigen Reisegefährten und stiegen in
den Zug, der sie nach Essen brachte.
     Am nächsten Morgen suchten sie den Maschinenbauer
auf, an den sie eine Einführung hatten. Dieser emp-
15 fing sie aufs freundlichste und führte sie zunächst nach
dem einfachen Häuschen, wo im Anfang des letzten
Jahrhunderts Friedrich Krupp mit zwei Gesellen vor
dem Amboß und der sprühenden Esse arbeitete. Hier
erzählte er ihnen, wie aus diesem bescheidenen Anfang
20 die große Fabrik entstand:
     „Friedrich Krupp war ein Mann, der nicht nur mit
der Hand, sondern auch mit dem Verstande fleißig
arbeitete. Durch eine besondere Mischung der Metalle
und die Art des Schmelzens gelang es ihm, Gußstahl
25 von ausgezeichneter Güte herzustellen. Als er 1826
starb, hinterließ er den Seinen nichts als das Geheimnis
der Herstellung des Gußstahles. Was der Vater begonnen hatte, das führte der Sohn mit Ausdauer fort.
Beim Tode seines Vaters war Alfred Krupp erst vier-

zehn Jahre alt. Mit großem Eifer erwarb er sich
Kenntnisse aller Art und lernte Französisch und
Englisch. Bei schwerer Arbeit lebte er oft bloß von
Kartoffeln, Kaffee, Butter und Brot. Die ersten
5 150,000 Mark verdiente er durch den Verkauf eines

Krupps Gußstahlfabrik in Essen

Patentes zur Herstellung plattierter Löffel. Auf der
Weltausstellung in London zeigte er kleine Kanonen
aus Gußstahl und erhielt den ersten Preis für seine
Arbeit. Er fuhr fort, Versuche zu machen, bis es ihm
10 endlich gelang, Riesenkanonen herzustellen. Nun war
sein Ruf begründet, und die Erzeugnisse seiner Fabrik
gingen in alle Länder der Erde."

Nach dieser Mitteilung zeigte der Führer den beiden
Amerikanern die Eisenwerke. Diese bilden fast eine
Stadt für sich. Über 64,000 Arbeiter sind darin beschäftigt und bedienen Tausende von Maschinen ver-
5 schiedener Art und mehr als 500 Öfen. Viele Anstalten
zeigen, daß Alfred Krupp nicht nur ein erfolgreicher
Fabrikant, sondern auch ein Freund seiner Arbeiter
war.

Auf Dr. Walters Bitten gab der Führer auch genaue
10 Auskunft über den Schutz der Arbeiter. Die Beiträge,
welche die Firma Krupp für die Arbeiterversicherung
zu bezahlen hat, betragen über 3 Millionen Mark.
Außerdem unterstützt die Firma ihre kranken und ar-
beitsunfähigen Arbeiter sowie deren Witwen und
15 Waisen noch durch freiwillige Beiträge von jährlich
über 3½ Millionen Mark.

Unsere Freunde bewunderten die Einrichtungen für
die Wohlfahrt der Arbeiter nicht minder als die Größe
der Krupp'schen Werke. Am Ende ihrer Wanderung
20 besichtigten sie noch das Denkmal Alfred Krupps, das
als Inschrift dessen Wahlspruch trägt: „Der Zweck der
Arbeit soll das Gemeinwohl sein, dann bringt Arbeit
Segen, dann ist Arbeit Gebet." Darauf verabschiedeten
sie sich mit herzlichem Dank von ihrem Begleiter. Noch
25 an demselben Abend fuhren sie weiter nach Düsseldorf,
dem Geburtsort des Dichters Heinrich Heine und dem
Sitz einer bedeutenden Kunstschule. Von da nahmen
sie früh am nächsten Morgen den ersten Zug nach Köln.

II.

In Köln

Liebe Mutter!

Heute morgen um 6 Uhr kamen wir in der alten
rheinischen Stadt Köln an. Da wir schon um 9 Uhr
weiter fahren wollten, gingen wir sofort nach dem
Dome, einer der größten gotischen Kirchen der Welt.
Du kannst Dir gar nicht denken, wie viel es für mich
wert ist, daß ich Doktor Walter zum Begleiter habe.
Er weiß über alles, was wir sehen, Auskunft zu geben.
So teilte er mir auch vieles über den Kölner Dom mit.
Im breizehnten Jahrhundert wurde er begonnen und
erst 1880 vollendet. Wenn man dieses herrliche Gottes-
haus betrachtet, so glaubt man fast, daß es nicht gebaut,
sondern in die Höhe gewachsen sei. Man hat mit Recht
den Dom ein versteinertes Gebet genannt. Die Türme
steigen leicht und frei empor, alles strebt himmelwärts,
hinweg von der niedren Erde zur strahlenden Sonne.

Im Inneren des Domes fühlte ich einen leisen
Schauer. Die mächtigen Pfeiler, welche fünf gewölbte
Decken tragen, wachsen wie schlanke Palmen empor.
Durch die hohen gemalten Fenster scheint die Sonne
und streut ein sanftes farbiges Licht durch den Raum.

In einem der Schiffe wurde an einem Altare eine
Messe gelesen. Plötzlich tönte feierlicher Orgelklang,
und dann sangen helle Knabenstimmen ein lateinisches
Lied, das wunderbar durch die hohen Räume schallte.

Man konnte aber weder die Orgel noch die Sänger sehen, und es war, als ob die Musik aus einer anderen Welt käme.

Nach der Messe machten wir einen Rundgang durch
5 den Dom. Ich war erstaunt, am frühen Morgen schon

Köln. Der Dom

so viele Fremde zu treffen. Unter diesen war auch eine Gesellschaft von zehn jungen Amerikanerinnen, denen ein Führer die Kunstwerke im Dom zeigte und erklärte. Wir betrachteten gerade die kunstvolle Arbeit des
10 Schreines der heiligen drei Könige, da klang eine schmetternde Musik aus der Ferne in die Kirche herein.

Die Damen fragten, was dies sei, und der Führer antwortete: „Das sind die blauen Husaren, die zu den
Übungen vor die Stadt reiten.“

Im Nu verließen die jungen Damen das Grab der
5 Könige, und auch ich folgte ihnen schnell nach. Wir
stellten uns unter dem hohen Bogen des Haupteingangs

Köln

auf, und gerade in diesem Augenblicke erschienen die
Husaren vor dem Dome. Die Musik kam zuerst und
blies einen lustigen Marsch. Die Offiziere waren statt-
10 liche Männer mit wetterbraunen Gesichtern. Die hell-
blauen, reich verzierten Uniformen standen ihnen gut.
Auch die Soldaten ritten mit den Säbeln in der Hand
in strammer Haltung an uns vorbei. Alle Pferde

gingen genau im Takte des Marsches, aber ich sah keine
so schönen Tiere, wie wir sie in Amerika haben.

Nun gingen wir in eine Zuckerbäckerei, in der man
Kuchen, Zuckerwerk und feine Backwaren bekommt, und
bestellten ein Frühstück. Wir erhielten aber nur Kaffee,
Milch, Zucker, Weißbrot und Butter, nebst andrem
Gebäck. Wer Eier oder Fleisch haben will, muß für
diese Speisen besonders bezahlen. Viele Leute in
Deutschland trinken morgens nur Kaffee mit oder ohne
Milch und Zucker, und essen um 10 Uhr zum zweiten
Frühstück Brot mit Schinken, Wurst oder Käse.

Es fiel mir auf, daß man in Deutschland verschiedene
Dinge anders macht, als bei uns. Wenn ein Herr einer
Dame seiner Bekanntschaft begegnet, so grüßt er zuerst.
Die Männer nehmen den Hut ab, wenn sie in einen
Laden oder ein Geschäftszimmer treten. Wenn man
sich in einem Gasthofe an die Tafel setzt, so verbeugt
man sich höflich gegen seine Tischnachbarn. Fremde,
die sich an einer Wirtstafel treffen, nennen auch wohl
ihren Namen mit den Worten: „Gestatten Sie, daß
ich mich Ihnen vorstelle." Wenn man von der Tafel
aufsteht, verbeugt man sich wieder und sagt dabei gewöhnlich: „Mahlzeit."

Auf unsrem Wege nach dem Rhein kamen wir durch
eine sehr belebte Straße der Stadt. Auf beiden Seiten
waren schöne Läden mit geschmackvollen Auslagen. In
vielen Geschäften war das bekannte Kölnischwasser zu
haben. Wir bemerkten auch mehrere große Kunsthand-
lungen und sahen in den Schaufenstern einige Bilder

von Karnevalsaufzügen, wie sie in der lustigen Fastnachtszeit hier stattfinden. Ich wäre gerne stehen geblieben, allein Doktor Walter sagte: „Wir haben keine
Zeit zum Schauen, wir müssen uns eilen, damit wir
5 den Rheindampfer erreichen." Und er hatte recht. Als
wir am Rhein ankamen, gab die Dampfpfeife gerade
das Zeichen zur Abfahrt. Wir eilten an Deck, suchten
uns einen guten Platz auf dem vorderen Teile des
Schiffes aus und sagten der alten Stadt mit ihrem
10 herrlichen Dome und den vielen Kirchen Lebewohl.

————

12.
Auf dem Rhein

Doktor Walter und Alfred dampften beim schönsten
Wetter den grünen Strom hinauf, dessen Ufer in jedem
Jahre von Tausenden von Reisenden von nah und fern
15 besucht werden. Alfred war zuerst beim Anblick des
Rheines etwas enttäuscht. Auf der Reise aus dem
Westen war er über Albany nach New York gekommen
und hatte den Hudson gesehen. Neben diesem breiten
Strome kam ihm der Rhein klein und unbedeutend
20 vor. Auf seine Bemerkung antwortete Doktor Walter:
„Sie haben recht, Alfred, der Rhein steht dem Hudson
an Größe nach, man mißt jedoch die Schönheit nicht mit
der Elle. Der Rhein hat andere Reize, die Auge und
Herz entzücken. Dichtung und Kunst und die Denk-
25 mäler einer zweitausendjährigen Geschichte verleihen

ihm einen besonderen Zauber." In diesem Augenblicke machte der Dampfer eine Wendung, und das
Siebengebirge erhob sich in anmutigen Formen vor den
Blicken der Reisenden. Grüne Weinberge, buntes Gestein und dunkle Wälder schmückten die Höhen, über
welche der Drachenfels mit seiner Burgruine empor-
ragte. An jenem Berge befindet sich auch die Höhle,
in der ein furchtbarer Drache hauste. Da erschien nach
der Sage der junge Held Siegfried und tötete den
Drachen mit seinem guten Schwerte. Dann badete er
sich im Blute des Drachen und wurde unverletzlich.
Beim Baden fiel aber ein Lindenblatt auf seine Schulter. Die Stelle, auf welcher das Blatt lag, blieb frei
vom Blute, und in diese Stelle stieß später Hagen, ein
Feind Siegfrieds, sein Schwert und tötete den herrlichen
Helden.

Jetzt legte der Dampfer vor der freundlichen Universitätsstadt Bonn an, in welcher der große Tondichter Beethoven geboren wurde. Hier stiegen mehrere Studenten ein, mit bunten Mützen und mit
Bändern von gleicher Farbe, die sie unter dem Rocke
über der Brust trugen. „Dies sind Korpsstudenten,"
sagte Doktor Walter, „d. h., sie gehören einem Korps,
einer Studentenverbindung, an, und die Mützen und
Bänder zeigen die Farben dieser Verbindung."

Die jungen Leute waren sicher in bester Stimmung.
Als der Dampfer weiter fuhr, ließen sie sich an einem
Tische nieder und bestellten ein Mittagsessen. Dazu
tranken sie von dem goldenen Weine, der an den Ufern

Blick auf das Siebengebirge von Rolandseck

des Rheines wächst. Ein Student hielt eine kurze Rede,
und alle sangen fröhliche Lieder, in welche andre Reisende einstimmten.

Die Inselchen Nonnenwert und Grafenwert mit malerischen Baumgruppen und einem alten Kloster erschienen nun vor den Augen der Reisenden. Nicht weit
davon krönte ein mächtiger Mauerbogen einen steilen
Berg. Es war dies der einzige Rest der Burg Rolandseck, welche der Neffe des gewaltigen Kaisers Karl hier
erbaut haben soll.

Auf den Wunsch Alfreds erzählte ihm Doktor Walter
die Sage von dieser Burg:

„Der tapfere Held Roland hatte seit seiner Jugend
im Heere seines Oheims gekämpft und sich in vielen
Schlachten ausgezeichnet. Da kam er einst an den
Rhein und wurde in der Burg Drachenfels von dem
Grafen Heribert und dessen Angehörigen gastlich auf-
genommen. Roland blieb einige Wochen auf der Burg.
Er sah zum ersten Male ein stilles Familienglück und
sehnte sich nach solchem mit ganzer Seele. Er bat den
Grafen um die Hand seiner lieblichen Tochter Hilde-
gunde. Diese liebte den stolzen Ritter, und als Kaiser
Karl seinen Neffen zum Kampfe gegen die Mauren
nach Spanien rief, verließ Roland als Bräutigam
Hildegundens den Drachenfels.

Monate vergingen. Die Braut dachte Tag und Nacht
an den Geliebten. Ihr Herz schlug jedesmal stolz und
freudig, wenn sie von seinen kühnen Taten hörte. Da
kam eines Tages ein Bote in die Burg. Die Eltern

und die Tochter fragten sogleich nach Roland. Der
Bote antwortete: „Ich bringe euch eine traurige Nachricht. Der gewaltige Held hat alle Mauren besiegt, die
gegen ihn kämpften. Allein ein Pfeil hat seinen Hals
durchbohrt. Sein Pferd floh in die Reihen der Feinde.
und sein Leichnam konnte nicht mehr gefunden werden."
Als der Graf und die Seinen dies hörten, wurden sie
vom größten Schmerze überwältigt. Hildegunde war
untröstlich. Traurig nahm sie von ihren Eltern Abschied, ging hinab nach Nonnenwert und ließ sich in
das Kloster aufnehmen.

Schon war sie mehrere Monate Nonne. Da kehrte
Roland nach dem Rheine zurück, denn er war nicht gefallen, sondern nur schwer verwundet worden. Er eilte
auf den Drachenfels, um die geliebte Braut zu begrüßen. Und nun hörte er, daß sie Nonne geworden
sei und nie mehr das Kloster verlassen dürfe. Sie war
verloren für ihn auf dieser Erde. Der kühne Held
wurde still und traurig. Kampf und Ruhm lockten ihn
nicht mehr, er wollte nur der verlornen Braut immer
nahe sein. So baute er sich denn eine Burg dem Kloster
gegenüber. Tag für Tag saß er auf dem Turme,
schaute hinab nach Nonnenwert und dachte an Hildegunde.

Da erklang einst um Mitternacht ein Trauergesang
aus dem Kloster herauf. Roland wußte, daß man
Hildegunde auf dem Kirchhofe der kleinen Insel begraben habe. Nun konnte er mit der Geliebten ver-
einigt werden. Er sattelte sein Schlachtroß, zog mit

Kaiſer Karl in den Krieg und ſuchte und fand den Tod
im blutigen Kampfe."

Aus der Vergangenheit kehrten die Reiſenden wieder
in die Gegenwart zurück. Jeden Augenblick hatten ſie
ein anderes Bild vor Augen, bald ſonnige Weinberge,

Burg Rheinſtein am Rhein

bald waldige Höhen mit ſtolzen Schlöſſern oder grauen
Ruinen, bald nette Dörfer und freundliche Städtchen
mit alten Kirchen und maleriſchen Häuſern, bald an-
mutige Landhäuſer mit prächtigen Gärten. Sie ſahen
die Städte Andernach und Bacharach mit ihren Türmen
und Mauern, Koblenz mit dem großartigen Denkmale

Kaiser Wilhelms, das prächtige Schloß Stolzenfels,
St. Goar und die große Ruine Rheinfels, sowie
die Burg Rheinstein und andre größere und kleinere
Burgen zur Rechten und Linken des Rheines.

5 Das Rheintal war inzwischen enge geworden. Plötzlich stieg vor den Reisenden eine steile, kahle Felsmasse
empor. „Die Lorelei!" riefen viele zu gleicher Zeit
aus und horchten auf das fünfzehnfache Echo, das ein
Schuß vom linken Rheinufer an diesem Felsen hervor-
10 rief. Alfred kannte die Sage von der schönen Lorelei,
der holden Nixe, die durch ihren süßen Gesang den
Schiffern Verderben brachte. Er schaute deshalb mit
besonderer Neugierde nach dem Felsen empor. Da erklang ein liebliches Lied von frischen Knaben- und
15 Mädchenstimmen aus einem kleinen Nachen herüber.
Es waren Schüler und Schülerinnen aus einem nahen
Orte, die mit ihren Lehrern einen Ausflug auf dem
Rheine machten und nun das bekannte schöne Lied von
Heine sangen:

20 Ich weiß nicht, was soll es bedeuten,
Daß ich so traurig bin;
Ein Märchen aus alten Zeiten,
Das kommt mir nicht aus dem Sinn.

Die Luft ist kühl, und es dunkelt,
25 Und ruhig fließt der Rhein;
Der Gipfel des Berges funkelt
Im Abendsonnenschein.

Die schönste Jungfrau sitzet
Dort oben wunderbar;
Ihr goldnes Geschmeide blitzet,
Sie kämmt ihr goldenes Haar.

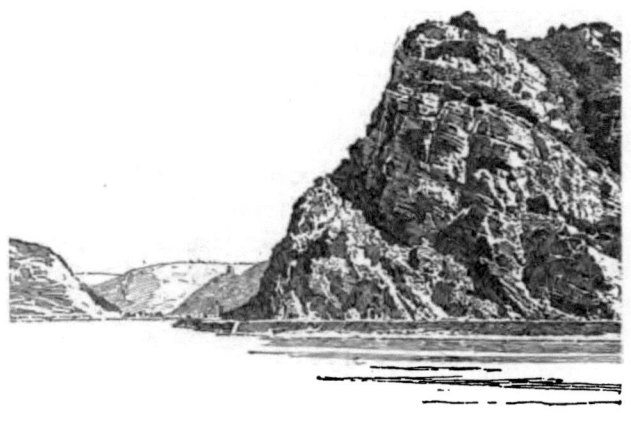

Die Lorelei

5   Sie kämmt es mit goldenem Kamme
Und singt ein Lied dabei;
Das hat eine wundersame
Gewaltige Melodei.

Den Schiffer im kleinen Schiffe
10   Ergreift es mit wildem Weh;
Er schaut nicht die Felsenriffe,
Er schaut nur hinauf in die Höh'.

Ich glaube, die Wellen verschlingen
Am Ende Schiffer und Kahn;
Und das hat mit ihrem Singen
Die Lorelei getan.

Niederwalddenkmal

₅ Gegen Abend erreichten die Reisenden Rüdesheim
und erblickten auf dem Berge über dem Städtchen das
stolze Niederwalddenkmal, welches hier zum Andenken
an die Gründung des neuen deutschen Reiches errichtet
wurde. Es begann schon zu dunkeln, deshalb blieben
₁₀ sie in einem Gasthause über Nacht, um das Denkmal
am nächsten Morgen zu besichtigen.

Siegfrieds Schwert

Jung Siegfried war ein stolzer Knab',
Ging von des Vaters Burg herab,
Wollt' rasten nicht in Vaters Haus,
Wollt' wandern in alle Welt hinaus.
Begegnet' ihm manch Ritter wert
Mit festem Schild und breitem Schwert.
Siegfried nur einen Stecken trug!
Das war ihm bitter und leid genug.
Und als er ging im finstern Wald,
Kam er zu einer Schmiede bald.
Da sah er Eisen und Stahl genug;
Ein lustig Feuer Flammen schlug.
„O Meister, liebster Meister mein,
Lass' du mich deinen Gesellen sein,
Und lehr' du mich mit Fleiß und Acht,
Wie man die guten Schwerter macht!"
Siegfried den Hammer wohl schwingen kunnt:
Er schlug den Amboß in den Grund;
Er schlug, daß weit der Wald erklang
Und alles Eisen in Stücke sprang.
Und von der letzten Eisenstang'
Macht er ein Schwert, so breit und lang:
„Nun hab' ich geschmiedet ein gutes Schwert,
Nun bin ich wie andre Ritter wert;
Nun schlag' ich wie ein andrer Held
Die Riesen und Drachen in Wald und Feld."

Ludwig Uhland.

13.

In Frankfurt am Main

Frankfurt, den 29. Juli.

Liebe Mutter!

Unfre Absicht, das Niederwalddenkmal zu besuchen, wurde zu Wasser. Als wir heute morgen erwachten, regnete es in Strömen. Nach dem Frühstück nahmen wir deshalb den Zug nach Frankfurt und fuhren an dem berühmten Badeort Wiesbaden und dem Taunusgebirge vorbei an den Main.

In Frankfurt war ich erstaunt über den Bahnhof. Es ist einer der größten und schönsten, die ich noch gesehen habe. Nach unsrer Ankunft fuhren wir in einer Droschke über die steinerne Mainbrücke nach Sachsenhausen in das Elternhaus Doktor Walters. Auf der Brücke bemerkte ich das Denkmal Karls des Großen. Wie mir Doktor Walter sagte, zeigte ihm ein Bauer eine Furt durch den Fluß für seine Franken. Der Kaiser gründete dann einen Ort am Main, den man Frankfurt nannte.

Die Eltern Doktor Walters erwarteten ihren Sohn, wußten aber nicht genau, wann er kommen würde. Als wir in das Haus traten, war großer Jubel. Der Vater, die Mutter und Schwester des Doktors empfingen den Sohn und Bruder mit offenen Armen. Wir trafen zufällig am Geburtstage der Frau Walter ein, und diese meinte, ich käme gerade recht zu einer Gesellschaft, die am Nachmittage stattfinden werde.

Frau Walter nahm mich hierauf in das hübsche
Fremdenzimmer, wo ich mich umkleidete. Die Eltern
des Doktors wollten natürlich den Sohn, den sie lange
nicht gesehen hatten, für sich behalten. Fräulein Walter
5 machte deshalb den Vorschlag, mir die Stadt ein wenig
zu zeigen, was ich dankbar annahm.

Wir fuhren durch prächtige neue Stadtteile in die
Altstadt. Hier sahen wir das Lutherhaus, in dem der
große Reformator über Nacht blieb, und den Römer,
10 das alte Frankfurter Rathaus mit den Bildern aller
deutschen Kaiser in einem Saale. Hier befindet sich
auch das Geburtshaus des größten deutschen Dichters,
Johann Wolfgang Goethe.

Ich habe einmal einen Artikel von unserm ausge-
15 zeichneten Kritiker James Russel Lowell gelesen. In
diesem sagte er, es gebe fünf Dichter, die jedermann
kennen müsse: Homer, Dante, Cervantes, Shakespeare
und Goethe. Ich freute mich deshalb sehr, das Geburtshaus Goethes zu betreten.

20 Wir sahen in den Zimmern allerlei Andenken an
Goethe. Fräulein Walter lenkte meine Aufmerksamkeit
auch auf ein Küchenfenster und bemerkte: „Eines
Sonntags befanden sich die Eltern Goethes in der
Kirche, und niemand war in der Küche. Da warf der
25 kleine Wolfgang eine Menge Geschirr durch dieses
Fenster in den Hof, weil ihm das Klirren der Scherben
großen Spaß machte." Auch über eine alte Pumpe
in dem Hofe wußte sie ein Geschichtchen zu erzählen:
„Einst waren zwei kleine Prinzessinnen bei der Frau

Rat Goethe zu Besuch. Diese kamen in den Hof und fingen an zu pumpen. Ein dicker Wasserstrahl spritzte

Alt-Frankfurt

heraus und machte die Prinzessinnen naß. Die Erzieherin bemerkte dies und wollte aus ihrem Zimmer

auf den Hof eilen, da sie glaubte, dieses Pumpen sei
unschicklich für Prinzessinnen. Die Frau Rat schloß
aber rasch die Zimmertüre der Erzieherin zu, damit sich
die kleinen Prinzessinnen wie die Kinder anderer Leute
einmal recht herzlich freuen könnten. Eine dieser
Prinzessinnen war die spätere Königin Luise von
Preußen."

Vom Goethehause fuhren wir wieder nach der Vor-
stadt, wo die Familie Walter wohnte.

Um vier Uhr nachmittags rief mich das Dienstmädchen aus meinem Zimmer, wo ich Briefe schrieb, zum
Kaffee. Ich ging in das Wohnzimmer hinunter. Die
Flügeltüren waren geöffnet. Da der Nachmittag warm
und sonnig war, hatte man im Garten unter einem
schattigen Baume einen großen Tisch gedeckt. Um diesen
saß die Gesellschaft beim Kaffee, die Familie Walter
und deren Freunde, einige ältere und jüngere Damen
und Herren, auch der Geschäftsteilhaber Herrn Walters
und dessen Sohn. Frau Walter war von allen Anwesenden beschenkt worden, und ein halbes Dutzend
Sträuße standen auf dem Tisch. Ich wurde der Gesellschaft vorgestellt. Nun tranken wir Kaffee und aßen
Kuchen dazu, den Frau Walter selbst gebacken hatte.

Dann gingen zwei Fräulein in das Wohnzimmer;
die eine sang ein hübsches Lied, welches die andre begleitete. Auch ich mußte zur Feier des Tages einen
Klaviervortrag zum besten geben und spielte einen
Walzer von Strauß, der großen Beifall fand. Alle
hörten der Musik aufmerksam zu. Dabei waren die

älteren Damen mit irgend einer weiblichen Handarbeit
beschäftigt.

Später gingen wir jüngeren Leute im Garten auf
und ab und plauderten zuerst über Musik, dann über
anderе Dinge. Die Fräulein wollten vor allem wissen,
ob die amerikanischen Mädchen wirklich so schön seien,
wie man dies von ihnen sage. Natürlich antwortete
ich hierauf mit ja, erklärte aber, die deutschen Mädchen
könnten sich auch sehen lassen, worauf alle lachten.

Alle Gäste blieben zum Abendessen da, welches im
Speisezimmer aufgetragen wurde. Nach dem Essen
unterhielten wir uns noch lange aufs beste. Als ich zu
später Stunde meinen freundlichen Gastwirten gute
Nacht wünschte, konnte ich sagen, daß ich wirklich einen
sehr gemütlichen Nachmittag und Abend bei ihnen ver-
lebt hatte.

14.
Durch die Pfalz

Am folgenden Samstag reisten Alfred, Doktor Walter und dessen Schwester von Frankfurt durch den
„Garten" Deutschlands, die gesegnete Pfalz, nach der
Hauptstadt Badens. Zur Rechten dehnte sich die frucht-
bare Rheinebene aus, im Westen begrenzt von den
blauen Bergen der bairischen Rheinpfalz. Zur Linken
erhoben sich über den Obst- und Weingärten die mit
Burgen gekrönten Hügel und die grünen Höhen des
sagenreichen Odenwaldes.

Bald wurden in der Ferne die hohen Türme des
Domes von Worms sichtbar. Fräulein Walter machte
Alfred auf diese schöne Kirche aus dem zehnten Jahrhundert und auf die Geschichte der uralten Stadt auf-
merksam. Dort warb Siegfried, der herrliche Held,
um Kriemhilde, die burgundische Königstochter, dort
versenkte Hagen, der Mörder des arglosen Helden, aus
Furcht vor Kriemhildens Rache den Schatz der Nibe-
lungen in die Fluten des Rheins. Im Mittelalter war
Worms oft der Schauplatz glänzender Feste, wenn der
Kaiser die deutschen Fürsten und Ritter zum Reichstage
berief. Im Jahre 1521 fand daselbst der berühmte
Reichstag statt, auf dem der deutsche Reformator seine
Lehre verteidigte, und das großartige Lutherdenkmal,
ein Meisterwerk Rietschls, erinnert den Besucher der
Stadt an jenes Ereignis.

Auf Alfreds Frage über den Ursprung des Namens
Odenwald erklärte Fräulein Walter, daß auf den
Höhen dieses Gebirges in alter Zeit der höchste Gott
der alten Deutschen, Odin oder Wodan, verehrt wurde.
Nach einer späteren Sage jagt zur Nachtzeit, wenn
der Sturm durch die Wälder rauscht, der Ritter von
Rodenstein mit einem wilden Heer von Geistern über
die Berge. Wie der Dichter Scheffel in den Liedern
vom Rodensteiner singt, vertrank der Ritter alle seine
Güter in Heidelberg und vermachte seinen Durst den
Studenten. Doktor Walter bemerkte hierzu, daß er
diese Lieder wohl kenne, daß aber von allen Dichtungen
Scheffels „Der Trompeter von Säckingen" ihm am

besten gefallen habe. Und nun erzählte er seinem
Freunde die rührende Geschichte von der treuen Liebe
des edlen Fräuleins Margareta und des Spielmanns
Werner, der in Heidelberg Student gewesen und dann
als Trompeter in den Dienst des Freiherrn von Säckingen getreten war.

Mittlerweile näherte sich der Zug der ältesten deutschen Musenstadt, der Perle der Pfalz. Schon von
ferne winkten die stolzen Ruinen des herrlichen Schlosses
von Heidelberg, des schönsten Denkmals der deutschen
Baukunst des sechzehnten Jahrhunderts. Bei der Ankunft sangen eine Anzahl alter Herren, die zum Stiftungsfest ihrer Verbindung nach Heidelberg kamen, mit
jugendlicher Begeisterung das Lied des „Trompeters":

Alt Heidelberg, du feine,
Du Stadt an Ehren reich,
Am Neckar und am Rheine
Kein' andre kommt dir gleich.

Stadt fröhlicher Gesellen,
An Weisheit schwer und Wein,
Klar ziehn des Stromes Wellen,
Blauäuglein blitzen drein.

Und kommt aus lindem Süden
Der Frühling übers Land,
So webt er dir aus Blüten
Ein schimmernd Brautgewand.

Auch mir stehst du geschrieben
Ins Herz gleich einer Braut,
Es klingt wie junges Lieben
Dein Name mir so traut.

5　　Und stechen mich die Dornen,
Und wird mir's draus zu kahl,
Geb' ich dem Roß die Spornen
Und reit ins Neckartal.

Unsere Freunde nahmen am Bahnhofe eine Droschke
10 und fuhren zuerst zum „Ritter", dem einzigen Hause,
das erhalten blieb, als die Franzosen im Jahre 1693
die Stadt verbrannten, das Schloß vollends zerstörten
und die blühende Pfalz in eine Wüste verwandelten.
Dann besichtigten sie das Schloß. Im Keller desselben
15 bewunderten sie das große Faß, das 23 Fuß hoch und
32 lang ist und 300,000 Flaschen Wein hielt. Neben
dem Fasse bemerkten sie das Standbild des Zwerges
Perkeo, des witzigen Hofnarren, der seinen Durst da-
raus löschte.

20　　Nach einem Gange durch den Schloßgarten rasteten
sie unter schattigen Bäumen bei dem Denkmal Scheffels,
des Lieblingsdichters der Heidelberger Studenten.
Von hier hatten sie eine entzückende Aussicht auf die
herrliche Landschaft, um welche Natur und Kunst, Ge-
25 schichte und Dichtung einen eigenen Zauber gewoben
haben. Vor ihnen lag auf grünem Hügel das alte
Gemäuer der Burg, drunten im Tal die Stätte ernster

Heidelberg und Umgebung

Wissenschaft und lustigen Studentenlebens, und in der Ebene, zwischen Rhein und Neckar, dehnte sich Mannheim aus, der größte Hafen im Innern Deutschlands.

Alfred hätte gern noch länger hier verweilt, aber

Das Heidelberger Faß

5 Doktor Walter mahnte zum Aufbruch. Sie wollten noch vor Abend die Stadt Karlsruhe erreichen, wo ein Vetter Dr. Walters, Herr Professor Ort, sie erwartete. Eine Stunde später kamen sie dort an, und der Herr Professor und sein sechzehnjähriger Sohn Fritz emp-
10 fingen die Gesellschaft am Bahnhofe.

Der reichste Fürst

Preisend mit viel schönen Reden
Ihrer Länder Wert und Zahl,
Saßen viele deutsche Fürsten
Einst zu Worms im Kaisersaal.

„Herrlich," sprach der Fürst von Sachsen,
„Ist mein Land und seine Macht,
Silber hegen seine Berge
Wohl in manchem tiefen Schacht."

„Seht mein Land in üpp'ger Fülle,"
Sprach der Kurfürst von dem Rhein,
„Goldne Saaten in den Tälern,
Auf den Bergen edlen Wein!"

„Große Städte, reiche Klöster,"
Ludwig, Herr zu Bayern, sprach,
„Schaffen, daß mein Land dem euren
Wohl nicht steht an Schätzen nach."

Eberhard, der mit dem Barte,
Württembergs geliebter Herr,
Sprach: „Mein Land hat kleine Städte,
Trägt nicht Berge silberschwer;

Doch ein Kleinod hält's verborgen:
Daß in Wäldern, noch so groß,
Ich mein Haupt kann kühnlich legen
Jedem Untertan in Schoß."

Und es rief der Herr von Sachsen,
Der von Bayern, der vom Rhein:
„Graf im Bart, Ihr seid der reichste,
Euer Land trägt Edelstein!"

Justinus Kerner.

15.

In Baden-Baden

An einem sonnigen Augustmorgen radelten Alfred
und Fritz Ort auf einer ausgezeichneten Landstraße
von Karlsruhe nach Baden-Baden. Unterwegs begeg-
neten ihnen junge Leute in ihrem Alter. Sie hatten
einen schweren Stock in der Hand, trugen ihre Reisetaschen auf dem Rücken und gingen flink auf der Straße
dahin.

Dabei sangen sie ein fröhliches Wanderlied:

O Wandern, o Wandern, du freie Burschenlust!
Da wehet Gottes Odem so frisch in die Brust;
Da singet und jauchzet das Herz zum Himmelszelt:
Wie bist du doch so schön, o du weite, weite Welt!

„Dies sind Handwerksburschen," erklärte Fritz seinem
jungen Freunde. „Wer früher in Deutschland Handwerker werden wollte, mußte mehrere Jahre bei einem
Meister als Lehrling arbeiten. Nachdem er das Hand-

werk erlernt hatte, war er Geselle. Nun wanderte er
als Handwerksbursche in die Welt hinaus und suchte bei
Meistern in andern Städten Arbeit. Dann kehrte er
meistens in seine Heimat zurück und wurde selbst Mei-
5 ster. Infolge der Eisenbahnen verschwanden die Handwerksburschen nach und nach von der Landstraße. Nur
wenn die jungen Leute kein Geld zum Fahren haben,
wandern sie wieder, wie früher, auf der Straße."

Während die beiden auf ihren Rädern rasch dahin
10 flogen, sahen sie Bauern, sowohl Männer als Frauen
und Mädchen, auf dem Felde arbeiten. Die meisten
waren bei der Kartoffelernte. Die Männer hackten die
Kartoffeln aus der Erde, und die Frauen sammelten
sie in Körben und Säcken. Dabei fiel Alfred etwas auf,
15 und er sprach zu Fritz: „Als wir von Hamburg nach
Köln fuhren, habe ich auch Leute auf dem Felde gesehen. Jene schienen bei der Arbeit ruhig, die Bauern
in Baden dagegen plaudern und singen." Hierauf
meinte Fritz: „Da haben Sie ganz richtig beobachtet.
20 Die Bewohner der deutschen Länder sind nicht überall
gleich. Schon ihr Aussehen ist verschieden. Die Norddeutschen, besonders die von den Ländern an der Nordsee und Ostsee, sind oft von großer Gestalt, ernst und
langsam in ihren Bewegungen und sprechen nicht viel.
25 Sie haben meistens eine frische Gesichtsfarbe, blaue
Augen und hellblonde Haare. Die Süddeutschen und
Rheinländer sind nicht so groß, aber oft stämmiger.
Man findet unter ihnen auch Männer und Frauen mit
dunkeln Augen und Haaren. Sie sind rascher und

lebhafter in ihren Bewegungen. Selbst bei der Arbeit
sprechen und singen sie gern. Mit Fremden werden sie
viel leichter bekannt, als die Norddeutschen. Am Rhein
aber finden wir die lebhafteste und lustigste Bevölke-
5 rung. Die Rheinländer geben viel für Vergnügen aus.
Deshalb hält man in den rheinischen Städten wie
Mainz und Köln zur Zeit des Karnevals glänzende
Feste ab, die von Tausenden von Fremden besucht werden. Prächtige Maskenzüge marschieren durch die
10 Straßen, und jung und alt, arm und reich nehmen an
diesen Festen teil."

Gegen Mittag kamen Alfred und Fritz in dem berühmten und viel besuchten Baden-Baden an, dessen
heiße Salzquellen schon von den Römern benutzt wur-
15 den. Sie gingen zunächst in ein Gasthaus, das ihnen
empfohlen worden war. Ein Kellner eilte ihnen entgegen und sagte: „Hier ist noch ein Tisch frei, bitte,
meine Herren." Dann begann folgendes Gespräch
zwischen ihnen und dem Kellner:

20 Fritz: Die Speisekarte, bitte! — Kellner: Hier,
mein Herr! Ist Suppe gefällig? — Fritz: Ja, bringen
Sie mir eine Nudelsuppe! — A.: Und mir bringen
Sie eine Tasse Fleischbrühe! — K.: Sehr schön! Wünschen Sie dann Fisch? — F.: Geben Sie uns Forellen,
25 wenn sie frisch sind. — K.: Mit Kartoffeln? —
A.: Nein, ohne Kartoffeln. — K.: Was für Fleisch ist
gefällig? Ochsenfleisch? Schweinebraten? — A.: Für
mich Kalbsbraten. — F.: Für mich Wienerschnitzel. —
K.: Wünschen Sie kein Gemüse? — F.: Bringen Sie

uns grüne Bohnen! — A.: Und auch etwas Salat!
— K.: Hier ist die Weinkarte! — A.: Danke, ich trinke
eine Flasche Sodawasser. — F.: Für mich ein Glas
Wein mit Wasser! — K.: Was essen Sie zum Nach-
tisch? — A.: Birnen und Pfirsiche. — F.: Und ein
paar Äpfel, wenn sie reif sind. — K.: Eine Tasse
Kaffee gefällig? — A.: Ja! — F.: Und ein Stückchen
Kaffeekuchen. —

Alles, was sie bestellt hatten, schmeckte aufs beste.
Nachdem sie gegessen hatten, verlangte Fritz die Rechnung, bezahlte sie und gab dem Kellner fünfzig Pfennig
Trinkgeld. Ihre Räder ließen sie stehen und sagten,
sie würden sie später abholen. Dann machten sie einen
Gang durch die Stadt. Alfred war entzückt von den
prächtigen Häusern inmitten schöner Gärten, dem großartigen Friedrichsbad mit seinen warmen Quellen und
der stattlichen Trinkhalle mit ihren Wandgemälden.
In dieser Halle trinken die Badegäste morgens zwischen
sieben und acht Uhr Wasser, während ein vortreffliches
Orchester ein Konzert gibt. Man findet dann Fremde
aus nah und fern und hört jeden Augenblick eine andere
Sprache.

Fritz mußte jetzt im Auftrage seines Vaters dessen
Freund, Herrn Professor Weiler, besuchen. Er schlug
deshalb Alfred vor, inzwischen das neue Schloß zu
besehen, das auf einer kleinen Höhe über der Stadt
liegt. „Wenn der Großherzog nicht da ist," sagte Fritz,
„so können Sie durch das Schloß gehen. Sie geben
dann dem Diener, der Ihnen die Räume zeigt, etwa

eine Mark Trinkgeld. Wenn Sie fertig sind, können
Sie im Schloßhof auf mich warten."

Alfred machte sich sogleich auf den Weg und trat nach
einer Viertelstunde in den Schloßhof. In diesem
Augenblicke schritt ein stattlicher Herr in Jägertracht
über den Hof. Alfred hatte in Karlsruhe Leute in
solcher Kleidung auf den Kutschen des Hofes neben dem
Kutscher sitzen sehen. Er hielt deshalb den Mann für
einen Diener, ging rasch auf ihn zu und sagte: „Sie
entschuldigen, gehören Sie vielleicht zum Schloß?" Der
Jäger blieb stehen, sah den Frager zuerst erstaunt,
dann aber mit freundlichem Lächeln an und antwortete:
„Ja, ich gehöre zum Schlosse. Was wünschen Sie?"

„Ich bin Amerikaner," fuhr Alfred fort, „und möchte
das Schloß gerne besuchen. Man hat mir aber gesagt,
wenn der Großherzog da sei, wäre das nicht erlaubt."

„Für einen Amerikaner sprechen Sie recht gut
Deutsch," meinte der Jäger. — „O, das habe ich von
meiner Mutter gelernt," entgegnete Alfred; „die ist in
Deutschland geboren." — „Und sind Sie allein über
das Meer gereist?" fragte der Jäger weiter.

„O nein," antwortete Alfred. „Doktor Walter, ein
Freund unserer Familie, ist mit mir gereist. Er hat
mich nach Karlsruhe zu seinem Vetter, Herrn Professor
Ort, gebracht, bei dem wir zu Besuch sind." — „Herrn
Professor Ort kenne ich," sagte der Jäger lächelnd.
„Nun, Sie sollen nicht umsonst hierher gekommen sein.
Ich will Ihnen das Schloß zeigen." Und nun führte
er Alfred durch verschiedene Gänge und Säle und

machte ihn auf die Sehenswürdigkeiten aufmerksam.
Auch fragte er Alfred verschiedenes über Amerika, und
dieser antwortete frisch und frei, was seinem Führer
sichtlich gefiel. Alfreds Aufmerksamkeit wurde durch
5 das Gespräch des Jägers so gefesselt, daß er nicht
merkte, wie die Diener sich tief vor jenem verneigten
und die Türen weit öffneten, wenn er eintrat. Als sie
zu Ende waren, dankte Alfred seinem Führer und wollte
schon gehen. Da fiel ihm ein, was ihm Fritz Ort über das
10 Trinkgeld gesagt hatte. Rasch nahm er eine Mark aus
seiner Westentasche und bot sie dem Jäger an. Da
lachte aber dieser und meinte, es habe ihm ein Vergnügen gemacht, Alfred das Schloß zu zeigen. Er solle
die Mark nur behalten oder sie dem ersten Armen
15 geben, dem er begegne.

Hierauf verließ Alfred das Schloß und fand Fritz
schon seiner harrend im Hofe. Erstaunt rief ihm dieser
entgegen: „Wie, Sie kommen aus dem Schloß, und
die Fahne ist auf dem Turm? Dies bedeutet, daß der
20 Großherzog hier ist, ich vergaß, Ihnen das zu sagen.“
Alfred bemerkte: „Ich traf einen Jäger im Hof, und
der hat mich herumgeführt,“ und mit einem Blick auf
das Schloß fügte er hinzu: „Dort schaut er eben zum
Fenster heraus.“ — „Um des Himmels willen! dieser
25 Herr hat Sie herumgeführt!“ rief Fritz voll Erstaunen.
„Das ist ja unser Großherzog!“ Nun wurde Alfred im
ganzen Gesicht so rot wie eine Rose und konnte kein
Wort reden. Als Fritz ihn fragte, was ihm denn
Schreckliches begegnet sei, erklärte er ihm, daß er den

Großherzog für einen Diener gehalten und ihm eine
Mark Trinkgeld angeboten habe. Jetzt wollte Fritz sich
fast tot lachen. Er tröstete aber seinen Freund und
sagte, der Großherzog sei ein gar freundlicher Herr,
5 der so etwas einem Fremden nicht übel nehmen würde.

Damit verließen die beiden den Schloßhof, gingen in
die Stadt hinab und traten auf ihren Rädern den Heimweg an. An einem Punkte mit wundervoller Aussicht
auf die Berge ruhten sie ein wenig aus. Da kam ein
10 Herr mit etwa zwanzig vierzehnjährigen Knaben auf
der Landstraße einher. Er machte gleichfalls Halt und
zeigte seinen Begleitern die Ruinen der uralten Yburg,
die im Strahle der Abendsonne vom Gipfel eines Berges herunter grüßte. Dann erzählte er den Knaben
15 die Geschichte dieser Burg und wanderte mit ihnen
weiter.

Alfred hatte aufmerksam zugehört, und Fritz sagte:
„Dies waren Gymnasiasten, die mit ihrem Lehrer einen
Ausflug machen. Wir haben in der Schule zwar tüchtig
20 zu arbeiten, doch fehlt es uns auch nicht an Vergnügen.
Schon in der Volksschule gehen die Lehrer mit ihren
Schülern manchmal spazieren. Dabei sammeln diese
Pflanzen und Steine, fangen Schmetterlinge und
Käfer, um alle diese Dinge kennen zu lernen. Die
25 Gymnasiasten und Realschüler machen mit ihren Leh-
rern oft längere Ausflüge. Dabei besuchen sie alte
Gebäude und Museen, und die Lehrer erklären ihnen
alles, was wissenswert ist. Jetzt wollen wir uns aber
auf den Weg machen, damit wir die Stadt noch bei Tag

erreichen." Und die jungen Freunde stiegen wieder
aufs Rad, sausten der Hauptstadt zu und kamen gerade
recht zum Abendessen. Nach diesem mußte Alfred sein
Erlebnis im Schloß von Baden zum besten geben, und
5 seine Erzählung rief in der ganzen Familie die größte
Heiterkeit hervor.

Das Erkennen

Ein Wanderbursch, mit dem Stab in der Hand,
Kommt wieder heim aus dem fremden Land.
10 Sein Haar ist bestäubt, sein Antlitz verbrannt;
Von wem wird der Bursch wohl zuerst erkannt?
So tritt er ins Städtchen, durchs alte Tor,
Am Schlagbaum lehnt just der Zöllner hervor.
Der Zöllner, der war ihm ein lieber Freund,
15 Oft hatte der Becher die beiden vereint.
Doch sieh — Freund Zollmann erkennt ihn nicht,
Zu sehr hat die Sonn' ihm verbrannt das Gesicht.
Und weiter wandert nach kurzem Gruß
Der Bursche und schüttelt den Staub vom Fuß.
20 Da schaut aus dem Fenster sein Schätzel fromm,
„Du blühende Jungfrau, viel schönen Willkomm'."
Doch sieh — auch das Mägdlein erkennt ihn nicht,
Die Sonn' hat zu sehr ihm verbrannt das Gesicht.
Und weiter geht er die Straß' entlang,
25 Ein Tränlein hängt ihm an der braunen Wang'.
Da wankt von dem Kirchsteig sein Mütterchen her,
„Gott grüß' Euch!" — so spricht er und sonst nichts
mehr.

Doch sieh — das Mütterchen schluchzet voll Luft:
„Mein Sohn!" — und sinkt an des Burschen Brust.
Wie sehr auch die Sonne sein Antlitz verbrannt,
Das Mutteraug' hat ihn doch gleich erkannt.

5   Nepomuk Vogl.

_____

16.
Ein Ausflug in den Schwarzwald

An einem Sonntagnachmittage nahmen Doktor Walter und seine Schwester nebst Alfred und Fritz Ort den
Schnellzug nach Freiburg. Das herrliche gotische Mün-
10 ster der Universitätsstadt konnten sie nur aus der
Entfernung bewundern. Denn sie fuhren gleich auf
einer Zweigbahn weiter in das Höllental. Nicht weit
vom Eingang in dasselbe sahen die Reisenden auf einem
turmhohen Felsen einen eisernen Hirsch stehen, der zum
15 Sprunge bereit scheint. Hier soll einst ein Hirsch über
die Schlucht gesprungen sein, weshalb die Stelle der
Hirschsprung heißt.

Am Bahnhof Höllensteig verließ die Gesellschaft den
Zug und befand sich nun mitten im Schwarzwalde. Die
20 Höhen dieses Gebirges sind alle mit Edeltannen bewachsen und haben von der Ferne ein dunkles Aussehen. Davon hat das Gebirge seinen Namen. Durch
die Ravennaschlucht, ein enges Tal mit steilen Felsen
auf beiden Seiten und schäumenden Wasserfällen, ging
25 es nun fast eine Stunde lang aufwärts. Auf der Höhe
fanden die Wanderer einen schönen festen Weg, auf dem
sie im Schatten des Waldes weiter marschierten.

Ringsum hohe Edeltannen mit silbergrauen Stäm-
men und schlanken Ästen im Schmucke schwarzgrüner
Nadeln. Wir sehen nur wenig Unterholz, hie und da
Heidelbeerstauden mit den schwarzblauen Beerlein, oder
5 einen Stechpalmenstrauch mit glänzenden stachligen
Blättern. Der Boden ist mit trockenen Nadeln bedeckt.
Er hat eine braune Farbe und ist so rein, daß man mit
Hausschuhen spazieren gehen könnte. An manchen
Stellen ragen mächtige Felsen empor, an derèn Fuß
10 frischgrüne Farnkräuter vom Hauche des Windes leicht
bewegt werden. Im Walde herrscht selbst am sonnig-
sten Tage eine kühle Dämmerung und eine tiefe Stille.
Nur manchmal ertönt der Pfiff eines Oriols oder der
Schrei einer Krähe. Mitunter klettert auch ein Eich-
15 hörnchen rasch an einem Baume empor, oder scheue
Rehe eilen beim Anblicke der Menschen flink davon.
Bei dieser Wanderung vergißt man die Mühen und
Sorgen der Woche. Eine wohltuende Ruhe erfüllt
unser Herz. Jetzt ertönt aus der Ferne ein Lied, ge-
20 sungen von kräftigen Männerstimmen:

„Wer hat dich, du schöner Wald,
Aufgebaut so hoch da droben?
Wohl den Meister will ich loben,
So lang' noch mein' Stimm' erschallt.
25 Lebe wohl!
Lebe wohl, du schöner Wald!"

So klang die schöne Weise Mendelssohns aus der
Ferne, und hier oben in der feierlichen Stille machte

fie einen tiefen Eindruck auf alle. Alfred begann zu
verstehen, warum die Deutschen mit solcher Liebe am
Walde hängen. Die Freude am freien Walde spricht
aus der deutschen Dichtung und klingt aus dem deut-
5 schen Liede. Der Wald ist überall zu finden, in der
Ebene, auf den Höhen, selbst in der Nähe großer

Schwarzwaldhaus

Städte, denn ein Viertel des Bodens ist in Deutschland
noch mit Wald bedeckt. Die Wälder werden von För-
stern sorgfältig gepflegt. Die Wege sind in gutem
10 Zustande. Wegweiser zeigen dem Wanderer an, wohin
eine Straße führt, und Bänke laden ihn an hübschen
Stellen zur Rast ein. Weder Drähte noch Zäune behindern die Freiheit seines Wanderns.

Nach zweistündigem Marsche lichtete sich der Wald, und die Freunde traten aus dem Dunkel der Bäume auf ein offenes Feld. Da sah Alfred plötzlich ein altes Bauernhaus mit einem Strohdach vor sich liegen.

5 Die Schwarzwaldhäuser lehnen sich meistens an einen Berg an. Sie haben eine Grundmauer aus Stein, die Wände bestehen aus Balken, die mit Brettern belegt sind. Das Dach ist steil, fast so hoch als die Wände, und springt vorn und auf beiden Seiten vor. Unter 10 demselben befindet sich an der schmalen Vorderseite eine hölzerne Galerie. Auf der Rückseite senkt sich das Dach oft bis zur Erde. Im vorderen Teile der Schwarzwaldhäuser sind meistens die Wohnstube mit vielen, aber kleinen Fenstern und einem großen Kachelofen, 15 ferner die Küche und die Schlafzimmer. Im hinteren Teile ist der Stall, und über diesem die Scheune. In dem Speicher bewahrt der Bauer sein Getreide und Obst, sowie Heu und Stroh für das Vieh auf. So hat der Bauer Wohnung, Scheune und Stall unter einem 20 Dache. Keine Hütte ist ohne einen plätschernden Brunnen. Die Schwarzwälder bauten ihre Häuser in dieser Weise an die Berge zum Schutze gegen Wind und Wetter, die hier oben im Winter oft schlimm hausen.

25 Während die Wanderer sich mit einem Trunk eiskalten Quellwassers erfrischten, hörten sie Musik in der Nähe. Alfred schaute um und sagte erstaunt zu Fräulein Walter: „Was ist das? Hier in den Bergen sehen wir einen Maskenzug!"

Etwa ein Dutzend Leute kam in seltsamer Tracht die
Straße einher. Einige Musikanten gingen voraus. Es
war dies aber kein Maskenzug, wie Alfred geglaubt
hatte, sondern ein Hochzeitszug aus dem benachbarten
5 Kinzigtale. Die Männer in hohen Stiefeln, Kniehosen,
roten Westen, langen Röcken mit blanken silbernen

Schwarzwälder Spinnstube

Knöpfen und breitrandigen Hüten, die Frauen in kur-
zen faltigen Röcken mit seidenen Schürzen, dunkeln
Miedern mit weiten weißen Ärmeln und einem mit
10 roten Rosen verzierten Strohhut.

Jn manchen Tälern des Schwarzwaldes erscheinen
die Bauern noch des Sonntags und bei Festen in der
alten Tracht, und da gibt es für Fremde und Stadtleute immer etwas zu sehen.

Die Sonne stand schon nieder. Unsere Freunde
gingen deshalb in rascherem Schritte weiter. Bald
waren sie am Ziele ihrer Wanderung und fanden in
einem einladenden Gasthaus freundliche Aufnahme.
Was sie über die Bewohner des Schwarzwaldes gelesen hatten, fanden sie durch ihre Beobachtung bestätigt.
Es sind kräftige Menschen, einfach und treuherzig, gewandt und zuverlässig, sparsam und genügsam. Viele
verdienen ihr Brot als Holzhauer, Holzhändler, Holzschnitzer, Uhrmacher und Uhrenhändler. Zäh halten sie
an ihren Gebräuchen und an ihrer Religion fest. Fast
in jedem Haus hängt in einer Ecke des Wohnzimmers,
dem „Herrgottswinkel", ein Bild des Heilandes am
Kreuze. Nicht selten steht neben dem Haus eine Kapelle
mit einem Glöckchen, das zum Morgen- und Abend-
gebete läutet, und häufig sieht man am Wege ein Kreuz
errichtet, vor dem der fromme Wanderer hält und ein
Vaterunser betet.

Aus dem Walde

Mit dem alten Förster heut
Bin ich durch den Wald gegangen,
Während hell im Festgeläut
Aus dem Dorf die Glocken klangen.

Und wir kamen ins Revier,
Wo, umrauscht von alten Bäumen,
Junge Stämmlein sonder Zier
Sproßten aus besonnten Räumen.

Feierlich der Alte sprach:
„Siehst du über unsern Wegen
Hochgewölbt das grüne Dach?
Das ist unsrer Ahnen Segen.

5 Was uns not tut, uns zum Heil
Ward's gegründet von den Vätern;
Aber das ist unser Teil,
Daß wir gründen für die Spätern.

Drum im Forst auf meinem Stand
10 Ist mir's oft, als böt' ich linde
Meinem Ahnherrn diese Hand,
Jene meinem Kindeskinde.

Schütz' euch Gott, ihr Reiser schwank!
Mögen unter euren Kronen,
15 Rauscht ihr einst den Wald entlang,
Gottesfurcht und Freiheit wohnen!"

Segnend auf die Stämmlein rings
Sah ich dann die Händ' ihn breiten;
Aber in den Wipfeln ging's
20 Wie ein Gruß aus alten Zeiten.

Emanuel Geibel.

Schäfers Sonntagslied

Das ist der Tag des Herrn;
Ich bin allein auf weiter Flur;
Noch eine Morgenglocke nur;
25 Nun stille nah und fern.

Anbetend knie' ich hier.
O süßes Graun! geheimes Wehn!
Als knieten viele ungesehn
Und beteten mit mir.

5   Der Himmel, nah und fern,
Er ist so klar und feierlich,
So ganz, als wollt' er öffnen sich.
Das ist der Tag des Herrn.

Ludwig Uhland.

17.

Durch Schwaben

10   Vom Schwarzwald reisten Dr. Walter und Alfred
allein weiter. Sie unterbrachen ihre Reise in Singen
und bestiegen den Hohentwiel, der durch Scheffels Roman „Ekkehard" so bekannt geworden ist. Von einem
15 Turme der Burgruine, wo die Herzogin Hadwig von
Schwaben im zehnten Jahrhundert mit dem gelehrten
Mönch Ekkehard von St. Gallen Vergil studierte,
hatten sie eine herrliche Aussicht auf die Alpen jenseits
des Bodensees, sowie auf die ganze schwäbische Hoch-
20 ebene. Aus dieser erheben sich viele steile, mit Burgen
gekrönte Berge, unter diesen der hohe Staufen, die
Wiege des mächtigen Kaisers Friedrich Rotbart, und
der hohe Zollern, die Stammburg des jetzigen deutschen
Kaisergeschlechtes.

Noch an demselben Tage erreichten die Reisenden
Konstanz, die alte Reichsstadt, wo Kaiser Sigismund
im Jahre 1417 dem Grafen Friedrich von Hohenzollern
die Mark Brandenburg gab und ihn zum Kurfürsten
5 machte. Am folgenden Morgen fuhren sie mit dem
Dampfer über den Bodensee nach Lindau und von da
mit der Bahn über die bayrische Hochebene nach Augsburg, einst der bedeutendsten Stadt Schwabens.

Im Mittelalter war Augsburg eine reiche und mäch-
10 tige freie Reichsstadt, berühmt durch ihre Pracht. Handel und Gewerbe blühten, besonders die Weberei
und die Goldschmiedekunst. Die Kaufleute der Stadt
erhielten Waren aus aller Welt, hauptsächlich
aus dem Süden, und sandten sie nach den nordischen
15 Ländern.

Die reichsten Bürger der Stadt waren die Fugger.
Die Mitglieder dieser Familie waren zuerst Färber und
Leineweber. Nach und nach dehnten sie ihren Handel
aus und beteiligten sich an vielen Unternehmungen.
20 Im sechzehnten Jahrhundert waren sie nicht nur die
größten Bankherren, sondern auch die mächtigsten
Grundbesitzer des damaligen Europa. Rastlose Tätigkeit, eiserner Fleiß und kaufmännischer Geist brachten
die Fugger zu Reichtum und Macht. Ein dauerndes
25 Andenken sicherte sich Jakob Fugger durch die Gründung der Fuggerei, einer inmitten der Stadt gelegenen
Stadt der Armen; die 406 Wohnungen dieses Stadt-
viertels sind den ärmeren Einwohnern Augsburgs
gegen die jährliche Miete von zwei Gulden oder vier

Mark eingeräumt. Das Vermögen der Fugger betrug
1546 dreiundsechzig Millionen Gulden. Kaiser Karl V.
konnte daher, als ihm der König von Frankreich die
Schätze von Paris gezeigt hatte, ohne Übertreibung
sagen: „Alles dies kann ein deutscher Leineweber in
Augsburg bezahlen." Dieser Weber war Graf Anton
Fugger. Der dreißigjährige Krieg vernichtete auch den
Wohlstand des Fuggerschen Hauses.

Neben den Fugger waren die Welser in Augsburg
das bedeutendste Handelshaus. Bartholomäus Welser,
Kaiser Karls des Fünften geheimer Rat, ist bekannt
durch seine Eroberung der Provinz Venezuela in Süd-
amerika, die er 26 Jahre lang durch seine Beamten
verwalten ließ.

Von Augsburg ging die Reise nach München, wo
Doktor Walter und Alfred am Abend wohl und munter
ankamen.

Der erste Hohenzoller in Brandenburg

Zu Konstanz auf dem Markte
Saß Kaiser Sigismund,
Ihm war vor Gram und Sorge
Die Seele krank und wund.

„Wohin ich blick' im Reiche,
Nur Streit und Zwistigkeit,
Es wankt der alte Glaube,
Es seufzt die Christenheit;

Und wo, ihr Herren, find' ich
Den Mann von Herz und Hand,
Der vom Verderben rette
Mein Brandenburger Land?"

5   Da tritt aus allen Reihen
Hervor ein einz'ger Mann,
Und aller Augen blicken
Den einen staunend an.

Das war von Hohenzollern
10 Herr Burggraf Friederich:
„Wenn Gott mir Gnade schenket,
Der, den Ihr sucht, bin ich!"

Und in des Kaisers Rechten
Die Hand des Zollern lag,
15 Und Wort und Handschlag waren
Wie Blitz und Donnerschlag.

Doch fern im märk'schen Dorfe
Ins Knie der Bauer sank:
„Dir sei, Herr Gott im Himmel,
20 Nun Lob und Preis und Dank!

Mein Feld hat wieder Ernte,
Die Kinder haben Brot;
Es kommt der Hohenzoller,
Ein Ende hat die Not!"

                    Ernst von Wildenbruch.

18.

In der bayrischen Hauptstadt

„Wenn ich nach München komme, geht mir das Herz
auf. Hier habe ich zwei Jahre Medizin studiert, habe
auf der Mensur manchen Schmiß ausgeteilt und auch
manchen empfangen; ich habe manches frische Lied gesungen und mit fröhlichen Burschen fröhlich gelebt.
Mein Auge hat sich in den Galerien und Museen an
den prächtigen Bildern alter und neuer Meister erfreut.
Ich bin mit guten Freunden durch die bayrischen Alpen
gewandert und habe auf manchen steilen Höhen Edelweiß gepflückt. Es freut mich, junger Freund, daß
Ihnen die bayrische Hauptstadt gefällt."

Diese Worte sprach Dr. Walter zu Alfred, als sie
den ersten Rundgang durch die Stadt machten. Alfred
bat seinen Freund, ihm doch zu erzählen, wie es auf
den Mensuren zugehe, und wie er zu seinem großen
Schmiß auf der linken Wange gekommen sei. Dr. Walter fuhr fort zu erzählen:

„Auf dem Heimweg von einem Kommers kamen mir
einige Korpsstudenten entgegen. Einer von diesen
rannte mich an und stieß mich zur Seite. Da es ihm
nicht einfiel, um Entschuldigung zu bitten, kam es zur
Forderung, und wir tauschten die Karten aus. Am
nächsten Morgen schickten wir unsere Sekundanten, um
die Mensur festzusetzen, und einige Tage später trafen
wir uns auf dem Pauklokal. Dort wurde uns Pau-

kanten eine Paukbinde um den Hals und eine Lederschürze um den Leib geschnallt, um eine Verwundung
von Kehle und Herz zu verhüten; die Augen wurden
durch eine Paukbrille aus Stahl, und der rechte Arm
und das Handgelenk durch Binden und einen Stulpenhandschuh geschützt. So traten wir einander gegenüber.
Die Sekundanten nahmen ihre Stellung ein und ließen
uns die Schläger reichen. Der Unparteiische rief: Auf
die Mensur! — Fertig! — Los! — und nun begann
der Kampf. Hieb auf Hieb sauste durch die Luft. Beim
zweiten Gang erhielt ich den Schmiß durch die linke
Wange. Beim nächsten Gange brachte ich meinem
Gegner eine breite Kopfwunde bei. Daraufhin wurde
Abfuhr erklärt, und ich war der Sieger. Der Paukarzt
nähte die Wunde, die aber zu meiner Befriedigung eine
Narbe hinterließ, auf die ich sehr stolz war. Du siehst
also, dieser Sport ist nicht gefährlicher als das Fußballspiel. Das Fechten ist eine treffliche Körperübung, und
die Mensur ist eine Kampfübung, die den Mut, die
Kraft und die Selbstbeherrschung stählt."

Inzwischen waren die beiden Freunde auf dem Marienplatz angekommen. Mit einem Ausruf der Verwunderung blieb Alfred stehen. Vor ihm erhob sich der
ungeheure, reich geschmückte Neubau des Rathauses,
und links ragten die wohlbekannten stumpfen Türme
der Frauenkirche empor. Das prächtige Bild fesselte
auch Dr. Walter eine Weile, aber ein Blick auf die Uhr
erinnerte ihn, daß es schon spät geworden war, und er
wandte sich an Alfred mit den Worten: „Doch was

Mensur

fangen wir jetzt an? — Halt! dort ist eine Litfaßsäule,
wir wollen sehen, was heute abend los ist."

Beide kreuzten die Straße, um die Anzeigen auf der
Litfaßsäule zu lesen; denn in deutschen Städten ist es
5 nicht gestattet, Anschläge an Häusern und Mauern an-
zubringen.

„Im Hof- und
Nationaltheater
gibt man Wagners
10 Tannhäuser," be-
merkte Dr. Walter,
„allein die Oper
fängt schon um sie-
ben Uhr an, da ist
15 es jetzt zu spät, um
einen guten Platz
zu bekommen. Im
Odeon findet ein
Orchester - Konzert
20 statt, im Residenz-
theater gibt man
ein modernes Lustspiel, im Gärtnertheater treten oberbayrische Schau-
spieler in einem Volksstück auf und singen und tanzen
25 den Schuhplattler."

Litfaßsäule

„O! dann möchte ich am liebsten in dieses Theater
gehen!" meinte Alfred.

„Gut, gehen wir ins Gärtnertheater!" antwortete
Dr. Walter.

„Wenn die Herren nichts dagegen haben, möchte
ich mich Ihnen anschließen," sprach jetzt eine tiefe
Stimme.

Beide schauten sich um und sahen Herrn Olsen, der
auch gerade an die Litfaßsäule getreten war, hinter
sich stehen.

„Alle Wetter!" rief Dr. Walter aus, „da ist ja unser
Freund von der Phönizia! Willkommen an der Isar!
Wo kommen Sie her, und was hat Sie hierher ge-
bracht?"

Lächelnd antwortete der Landwirt aus Wisconsin:
„Ich komme aus meiner nordischen Heimat und will
mir, gerade wie Sie, die bayrische Hauptstadt ansehen.
Also — darf ich mich Ihnen jetzt anschließen?"

„Natürlich!" riefen die beiden, und Dr. Walter fuhr
fort: „Das Gärtnertheater fängt erst um acht Uhr an.
Wir haben also noch eine Stunde Zeit, lassen Sie uns
in den Ratskeller gehen und etwas genießen!"

Die anderen waren damit einverstanden, und die
Reisegefährten betraten einen Saal des Ratskellers.
Der große Raum war mit Gästen angefüllt, nur an
einem Tisch in ihrer Nähe waren einige Stühle nicht
besetzt. Die drei gingen deshalb dorthin. Dr. Walter
sagte zu einem am Tische sitzenden Herrn: „Sie gestatten," und die Reisegenossen nahmen Platz. Sie
ließen sich vom Kellner die Speisekarte geben, bestellten
etwas zu essen und zu trinken und begannen sich zu
unterhalten. Herr Olsen erzählte, was er seit seiner
Ankunft erlebt hatte, und meinte: „Seitdem ich als

junger Bursche Deutschland verlassen habe, hat sich
manches hier verändert, und manches ist besser und
schöner geworden. Es gibt aber auch Dinge, die mir in
Amerika besser gefallen."

5 „Nun, da können Sie ja wieder nach Amerika zurückgehen," sagte der am Tische sitzende Herr in echtem
Münchener Deutsch.

Herr Olsen und Alfred blickten überrascht auf, Dr.
Walter aber bemerkte lächelnd: „Ich sehe, die guten
10 Münchner sind gerade noch so derb, wie zur Zeit, als
ich hier studierte. Wir danken Ihnen sehr für Ihren
guten Rat, allein wir werden doch wohl tun, was wir
wollen."

„Da haben Sie ganz recht," entgegnete der Münch-
15 ner, „ich würde das gerade so machen." Und nun fing
er zum großen Erstaunen Alfreds an, sich mit ihnen zu
unterhalten, als ob er sie schon seit Jahren kenne, und
fragte dies und das über Amerika. Als Dr. Walter
etwas über die Schauspieler im Gärtnertheater wissen
20 wollte, lobte er dieselben sehr und meinte: „Wenn die
Herren dorthin gehen, werden Sie heute abend eine
sehr gute Künstlerin als Lorle zu sehen bekommen."

Inzwischen war es halb acht geworden. Die drei
bezahlten ihre Rechnung, nahmen von ihrem Tischnach-
25 bar Abschied, verließen den Saal und fuhren auf der
Trambahn nach dem Gärtnertheater.

Sie bekamen in einer der vorderen Reihen noch gute
Sitze, für die sie nur drei Mark die Person bezahlten.
Kaum hatten sie Platz genommen, so ertönte ein lauter

Glockenschlag. In deutschen Theatern ist es nämlich nicht, wie in Amerika, Gebrauch, vor dem Beginn von Schauspielen und in den Zwischenpausen Musik zu machen.

5   Der Theaterzettel, für den sie zehn Pfennig bezahlen mußten, zeigte den Besuchern, daß man „Stadt und Land" geben werde, ein Schauspiel, das nach der Erzählung Berthold Auerbachs „Die Frau Professorin" für die Bühne bearbeitet ist. Auerbach war um die 10 Mitte des letzten Jahrhunderts in Deutschland ein sehr beliebter Schriftsteller. Eine ganze Reihe seiner Erzählungen wurden ins Englische übersetzt und auch in Amerika viel gelesen. Die Handlung des Stückes ist folgende:

15   Reinhard, ein junger Maler, kommt im Sommer in ein Dorf des Schwarzwaldes und nimmt beim Lindenwirt Quartier. Er hat für eine Kirche das Bild der heiligen Jungfrau zu malen. Der Lindenwirt erlaubt, daß seine Tochter Lorle für Reinhard Modell sitzt. Die 20 Schönheit des Mädchens entzückt das Auge des Künstlers. Ihr heitrer Sinn und ihr reines Gemüt gewinnen sein Herz. Lorle erwidert seine Liebe. Reinhard bittet den Vater um die Hand Lorles. Zu seinem großen Erstaunen willigt der Lindenwirt nicht ein. Er 25 meint, Lorle sei ein Bauernmädchen und Reinhard ein Herr aus der Stadt, und das mache kein gutes Paar. Außerdem ist er stolz auf seine einzige Tochter und auf seinen Reichtum und hält nicht viel von einem Maler. Erst als Reinhard Professor wird und für den Fürsten

einige Bilder zu malen bekommt, gibt der Lindenwirt
nach und sagt ja.

Nach der Hochzeit zieht Lorle mit ihrem Manne in
die Hauptstadt. Zuerst geht alles gut, und Reinhard
fühlt sich in seinem Heim glücklich. Doch, er muß öfters
in Gesellschaft gehen und nimmt Lorle mit. Sie ist
gewöhnt, Dialekt zu reden. Reinhard will nun, daß
sie Hochdeutsch spreche. Sie versucht es und sagt und
tut nun Dinge, über welche die Stadtdamen heimlich
lächeln. Lorle merkt dies und wird tief gekränkt.
Reinhard aber fängt an, sich seiner Frau zu schämen.
Er geht immer öfter in Gesellschaft und läßt Lorle
allein daheim. Sie fühlt sich verlassen und bekommt
Heimweh nach ihrem Dorf. Reinhard trifft am Hofe
die junge, schöne Gräfin Felseck. Sie ist fein gebildet
und behandelt den Künstler in der liebenswürdigsten
Weise. Reinhard vergleicht sie mit Lorle. Diese er-
scheint ihm jetzt bäurisch, und er wird immer unfreundlicher gegen sie. Einige Bilder Reinhards gefallen am
Hofe nicht, worüber er sich sehr ärgert und die Lust an
seiner Arbeit verliert. In seinem Heim wird er immer
unzufriedener und hat kein herzliches Wort mehr für
Lorle. Sie glaubt, seine Liebe verloren zu haben, und
sagt Reinhard, daß sie wieder in ihr Elternhaus und
ihr stilles Dorf zurückkehren werde. Da erwacht Reinhard wie aus einem schlimmen Traum. Er denkt an
alles, was ihm Lorle gewesen ist, und spricht: „Ja, du
sollst in dein Dorf zurückgehen, allein ich gehe mit dir,
und dort, in der Stille des Landes, werde ich wieder

Frieden finden, mit Luft arbeiten und an deiner Seite glücklich sein."

Die Reisenden waren, wie alle Anwesenden, von dem, was sie sahen und hörten, höchst befriedigt. Am besten gefiel ihnen die Schauspielerin, welche das Lorle gab. Sie spielte einfach, natürlich und lebenswahr. Obgleich sie Dialekt sprach, konnte Alfred fast alles verstehen, was sie sagte.

Nach einer Pause hob sich der Vorhang wieder. Die Szene stellte eine Landschaft in den bayrischen Alpen dar. Vor einer Hütte saßen mehrere junge Burschen und Mädchen, alle in der malerischen Tracht des Landes. Zuerst sangen alle in oberbayrischer Mundart einen Chor. Sie begleiteten denselben auf ihren Zithern, und zum Schluß ließen sie einen langen Jodler ertönen. Nach einem Solo auf der Zither trug ein Sänger mit kräftigem Baß das Lied von dem berühmten Führer der Tiroler, Andreas Hofer, vor. Dann sang eines der Mädchen ein heitres Lied, in dem sie erklärte, was sie von einem jungen Burschen fordre. Sie schloß mit einem Reim, der im Hochdeutschen lautet:

Die Locken dunkel, die Augen hell,
Beim Schaffen stet, beim Tanzen schnell,
Ein wenig grob und ein wenig fein,
So muß ein bayrischer Bursche sein.

Nun bekamen die Anwesenden den Schuhplattler, den beliebtesten Tanz in den bayrischen Alpen, zu sehen.

Zwei Burschen spielten die Zither, die andren sangen
und tanzten. Dabei stampften sie öfters mit ihren
schweren Schuhen mit aller Macht im Takt auf den
Boden und sangen einen kräftigen Jodler. Zum
⁵ Schlusse schlangen die Burschen einen Arm um die
Mädchen, warfen sie mit aller Kraft in die Höhe und
fingen sie wieder auf. Alfred war ganz erstaunt
hierüber, und Herr Olsen klatschte, so viel als er nur
konnte.

¹⁰   Die Reisegefährten verließen das Theater. An der
Trambahn erfuhren sie jedoch, daß kein Wagen in die
Nähe ihres Gasthofs fahre. Sie fragten deshalb einen
Schutzmann nach dem Weg. Dies hörte ein Herr, der
gerade vorüberging. „Ah, da sind ja meine Nachbarn
¹⁵ aus dem Ratskeller!" sprach er. „Sie kennen nicht den
Weg nach Ihrem Gasthof? Ich wohne zwar in einem
andren Stadtviertel, das tut aber nichts. Ich zeige
Ihnen mit Vergnügen den Weg." Bevor noch die Reisenden etwas entgegnen konnten, hatte er den Arm
²⁰ Doktor Walters genommen und ging plaudernd und
lachend mit ihm voraus. Alfred folgte mit Herrn Olsen den beiden nach. Als sie an ihrem Gasthof ange-
langt waren, dankten sie ihrem Führer und sagten ihm
gute Nacht. Herr Olsen wollte nun allein weiter gehen;
²⁵ allein daran war nicht zu denken. Der Münchner zog
ihn mit sich fort und erzählte allerlei Geschichten, bis
er mit dem Fremden an dessen Gasthof angekommen
war.

Kaum war Alfred mit seinem Freunde allein, als

er seine Verwunderung über das Benehmen ihres Führers aussprach. Er fand es merkwürdig, daß dieser zuerst grob und dann so gefällig war. Dr. Walter aber meinte lächelnd: „Ja, ja, ich kenne meine lieben Münchner:

Wenn nötig, grob, dann wohl auch fein,
So müssen bayrische Burschen sein."

Am nächsten Tage gingen Dr. Walter und Alfred vor ihrer Abreise nach Nürnberg noch auf die Hauptpost, denn sie hatten ihre Angehörigen und Freunde gebeten, Briefe an sie bis zum 15. August „postlagernd" nach München zu senden. Alfred erhielt unter anderen einen deutschen Brief von Fräulein Hill, die ihm versprochen hatte, zu schreiben, wie ihr das Leben in Jena gefalle. Der Brief, den Alfred seinem Freunde vorlas, lautete so:

Jena, den 12. August.

Werter Herr Strong!

Schon vierzehn Tage sind vergangen, seitdem mein Bruder mich in die Familie des Professors Holzer brachte, damit ich hier Deutsch fließend sprechen lerne. Nun ist es Zeit, daß ich endlich mein Versprechen erfülle und Ihnen schreibe, wie ich meine Zeit verbringe.

Morgens um sechs Uhr weckt mich das Dienstmädchen. Gegen sieben Uhr gehe ich in das Eßzimmer zum Frühstück. Gewöhnlich sitzt Frau Professor Holzer schon am Frühstückstisch. Dann kommt auch Herr Pro-

fessor Holzer. Beim Frühstück gibt es außer dem
Kaffee auch Butter, Honig, Brötchen und Pumpernickel.

Nach dem Frühstück lerne ich fleißig Deutsch; ich
5 habe auch deutsche Stunden. So vergeht der Vormittag rasch. Gegen ein Uhr wird zu Mittag gegessen.
Es gibt Suppe, Fleisch und Gemüse, meistens Kartoffeln. Zum Nachtisch haben wir sehr oft Kuchen.
Nach dem Mittagessen setze ich mich gewöhnlich mit
10 einem Buche in die Laube im Garten. Frau Holzer
kommt dann auch mit einer kleinen Handarbeit, und
ich plaudre mit ihr oder lese ihr auch zuweilen aus
einer Zeitschrift, wie Velhagen und Klasings Monats-
heften, der Gartenlaube, oder der Rundschau vor.
15 Manchmal nimmt sie mich zu bekannten Familien mit,
besonders wenn „Backfische" im Hause sind. So nennt
man nämlich hier junge Mädchen von vierzehn bis
sechzehn Jahren. Ist das nicht ein komischer Name?
Der Herr Professor erklärte, weil zum Backen nur
20 junge, nicht ausgewachsene Fische gebraucht werden,
nenne man auch junge Mädchen so. Um vier Uhr gibt
es wieder Kaffee und Brötchen oder Kuchen. Nachher
machen wir meistens einen schönen Spaziergang. Um
sieben Uhr wird zu Abend gegessen. Es gibt meistens
25 kalte Speisen: Braten vom Mittag, Schinken, Wurst,
Salat oder etwas Obst.

Heute abend bin ich ganz allein, da Herr und Frau
Holzer eingeladen sind. Vielleicht ist es Ihnen nicht
gleichgültig, zu wissen, wie die Einladung lautete. Sie

liegt gerade vor mir auf dem Tische, und so will ich sie
Ihnen Wort für Wort abschreiben:

„Herr und Frau Geheimrat Schulze beehren sich,
Herrn und Frau Professor Holzer auf Mittwoch, den
5 12. August, 7 Uhr, zum Abendessen freundlichst ein-
zuladen.   U. A. w. g.“

Gestern war bei uns Kaffeekränzchen. Da kamen
viele Damen zu uns. Man nennt sie scherzweise Kaffee-
schwestern; warum? das werden Sie gleich verstehen.
10 Die einen brachten ihre Stickerei, die anderen ihren
Strickstrumpf mit. Aber die Zungen bewegten sich
rascher als die Nadeln. Da wurde gar viel geplaudert,
von Kindern und Dienstboten, von Freunden und Bekannten, vom Theater und den neuesten Romanen. Da
15 ich die Leute nicht kannte, nahm ich an der Unterhaltung nicht viel Anteil. Weit mehr reizten mich die
feinen Kuchen und Backwaren, die zum Kaffee gereicht
wurden. Sie glauben gar nicht, wieviel Kaffee diese
Damen trinken können: drei, vier, sogar fünf Tassen
20 jede. Wie Sie sehen, haben dieselben ihren Namen
verdient.

Grüßen Sie, bitte, Herrn Dr. Walter freundlichst
von mir. Mein Bruder wird bald von seiner Geschäftsreise zurückkommen und mich dann nach Berlin mit-
25 nehmen, wo wir Sie zu treffen hoffen.

Mit bestem Gruß
Elisabeth Hill.

Münchner Humor

1. Schlagfertige Antwort

Viele Fremde suchten Richard Wagner in München auf, nur um den berühmten Tondichter zu sehen. Diesem waren solche Besucher lästig, und er versuchte auf jede Weise, ihnen zu entgehen.

Eines Tages trat er aus seiner Wohnung. Ein Herr kam ihm entgegen, erkannte den Meister und fragte: „Verzeihung, wohnt hier Herr Richard Wagner?" — „Jawohl," sagte dieser, „zwei Treppen hoch," und ging eilends weiter.

Ein anderes Mal hielt ihn ein Herr auf der Straße an und stellte sich mit den Worten vor: „Verzeihen Sie, mein Name ist Meier." Ohne ihm Zeit zu lassen, mehr zu sagen, erwiderte der Meister schnell: „Ich verzeihe es Ihnen," und eilte weiter.

2. Uneigennützig

Ein Fremder sagte zu einem alten Münchner, der nicht gewohnt war, Wasser zu trinken: „Was Sie nicht sagen! 22 Millionen hat die Stadt für die neue Wasserleitung ausgegeben?" — „Ja," erwiderte der Münchner, „da können Sie sehen, was wir für die Fremden tun!"

3. Kurz und bündig

Ein Lehrer gab seinen Schülern einen Aufsatz zu schreiben. In diesem sollten sie über jeden Tag der Woche etwas sagen. Ein Junge, der Sohn eines Försters, brachte am nächsten Tage folgende Arbeit:

„Am Montag schoß mein Vater einen Hirsch, und das

gab Fleisch genug für Dienstag, Mittwoch, Donnerstag, Freitag, Samstag und Sonntag."

4. Unbestimmt

Ein nicht sehr kluges Dienstmädchen wurde ausge-
5 schickt, um zu sehen, was für ein Stück auf dem Theaterzettel angekündigt sei. Es kam zurück und sagte: „Es
ist noch unbestimmt." — „Ja, was steht denn auf dem
Zettel?" fragte die Herrin. — „Minna von Barnhelm
oder Das Soldatenglück," antwortete das Mädchen.
10 Alle lachten, das Mädchen aber konnte sich nicht denken,
weshalb. Es wußte nicht, daß Lessings Lustspiel diesen
doppelten Titel hat.

Andreas Hofer

Zu Mantua in Banden
15 Der treue Hofer war,
In Mantua zum Tode
Führt ihn der Feinde Schar;
Es blutete der Brüder Herz,
Ganz Deutschland, ach, in Schmach und Schmerz!
20 Mit ihm das Land Tirol.

Die Hände auf dem Rücken
Andreas Hofer ging
Mit ruhig festen Schritten,
Ihm schien der Tod gering;
25 Der Tod, den er so manches Mal
Vom Jselberg geschickt ins Tal,
Im heil'gen Land Tirol.

Doch als aus Kerkergittern
Im festen Mantua
Die treuen Waffenbrüder
Die Händ' er strecken sah,
5   Da rief er aus: „Gott sei mit euch,
Mit dem verrat'nen deutschen Reich,
Und mit dem Land Tirol!"

Dem Tambour will der Wirbel
Nicht unter'm Schlägel vor,
10   Als nun Andreas Hofer
Schritt durch das finstre Tor; —
Andreas noch in Banden frei,
Dort stand er fest auf der Bastei,
Der Mann vom Land Tirol!

15   Dort soll er niederknieen,
Er sprach: „Das tu' ich nit!
Will sterben, wie ich stehe,
Will sterben, wie ich stritt,
So wie ich steh' auf dieser Schanz';
20   Es leb' mein guter Kaiser Franz,
Mit ihm sein Land Tirol."

Und von der Hand die Binde
Nimmt ihm der Korporal;
Andreas Hofer betet
25   Allhier zum letzten Mal,
Dann ruft er: „Nun, so trefft mich recht!
Gebt Feuer, ach, wie schießt ihr schlecht!
Ade, mein Land Tirol!"   Julius Mosen.

19.

Jn Nürnberg

Alfred hatte so viel von Nürnberg gehört, daß er es
kaum erwarten konnte, bis die Stadt in Sicht kam.
Endlich erblickte er die alten Stadtmauern mit Türmen
5 und Toren, und hinter den Mauern ein Meer von

Nürnberg

steilen Dächern, sowie kleine und größere Kirchen. Über
die Stadt erhob sich die feste Burg, in welcher einst die
Burggrafen Nürnbergs wohnten. Einer derselben war
jener Friedrich von Hohenzollern, der vom Kaiser Sigis-
10 mund im Jahre 1417 die Mark Brandenburg erhielt,
und von dem der jetzige deutsche Kaiser abstammt. Um
die Stadtmauer zogen sich breite Gräben. Diese waren
früher mit dem Wasser des Flüßchens Pegnitz angefüllt,
das durch die Stadt strömt. Seit vielen Jahren jedoch

enthalten sie schöne Anlagen mit schattigen Wegen und
Ruhebänken für Spaziergänger.

Doktor Walter und Alfred ließen ihr Gepäck im
Bahnhofe und begannen sofort ihre Wanderung durch
die unregelmäßigen und engen, aber sauberen Straßen.
Wunderlich und seltsam sahen die alten Häuser aus,
mit ihren Fenstern von verschiedener Größe und den
vorspringenden Stockwerken. Kein Haus sah dem andern gleich. Das schmale Häuschen des Handwerkers
mit spitzem Giebel und kleinen runden Fensterscheiben
lehnte sich nachbarlich an den stolzen Palast des reichen
Ratsherrn mit schön gezierten Fenstern und Türen und
prächtigen Erkern. Über den Toren sah man Wappen
in Stein oder Metall, zwischen den Fenstern und an den
Ecken der Häuser die Standbilder von Heiligen.

Diese Unregelmäßigkeit der Straßen und Häuser
fand Alfred durchaus nicht häßlich, sondern im Gegen-
teile sehr anziehend und malerisch. Besonders gefiel
ihm die St. Sebaldkirche und der Marktplatz mit der
Frauenkirche und dem Schönen Brunnen, einem Kunstwerke des fünfzehnten Jahrhunderts. In einer kleinen
Gasse hinter der Frauenkirche zeigte ein schlichtes Haus
eine Tafel mit den Worten: „Hier wohnte Hans
Sachs, geboren am 5. Nov. 1494, gestorben am 25. Jan.
1576."

„Hier stehen wir also vor der Wohnung des merk-
würdigen Mannes, der Schuhmacher und Dichter war,"
rief Dr. Walter aus, und versuchte dann seinem
Freunde die Bedeutung des Meisters klarzumachen:

„Hans Sachs war ein gar eifriger Sänger, denn er dichtete mehrere Tausende von Lustspielen und Liedern. Er war einer der ersten, die für den großen Reformator Martin Luther ihre Stimme erhoben. Mit den andern Meistersingern versammelte sich Hans Sachs in der St. Katharinenkirche. Dort ließen diese Meister des Handwerks ihre Lieder ertönen zum Preise Gottes und der Heiligen, zum Lobe des Frühlings oder ihrer Kunst. Und wer am besten sang, erhielt eine goldne Kette oder einen Becher als Preis. An die Kirche war eine kleine Stube angebaut, die man später das Bratwurstglöcklein nannte. Dort sollen die Meistersinger abends zu einem Becher Wein und zu fröhlichem Gesang zusammengekommen sein."

Alfred freute sich nun doppelt, bald in Berlin Gelegenheit zu haben, Richard Wagners Oper „Die Meistersinger von Nürnberg" zu sehen, in welcher der ehrwürdige Hans Sachs mit seinen Genossen dargestellt ist.

Auf dem Wege zur Burg besuchten sie das Haus, in dem Nürnbergs größter Sohn, Albrecht Dürer, wohnte und arbeitete. Alfred war überrascht, alle Räume in demselben Zustande erhalten zu finden, in dem sie zur Zeit Dürers waren. Während er mit Dr. Walter die Einrichtung betrachtete, erzählte dieser allerlei aus dem Leben des Künstlers:

„Aus diesem Hause wanderte der junge Maler in die Welt, um zu lernen. In Italien traf er mit den berühmtesten Meistern zusammen. Der unsterbliche Rafael soll von ihm gesagt haben: Dieser würde uns alle

Dürerhaus

übertreffen, hätte er, wie wir, die Werke der alten
Welt vor Augen gehabt.

Dürer kehrte aus Italien zurück und übte seine
Kunst. Er zeichnete und malte alles, was sein Auge
5 und sein Herz erfreute: Gott und den Himmel mit
seinen Engeln und Heiligen, den Tod und den Teufel,
die Menschen in ihrem Tun und Treiben, in Freud und
Leid, und das Vaterland mit seinen Städten, Flüssen,
Wäldern, Burgen und Hütten.

10 Später zog er aus diesem Hause in die Niederlande.
Dort wurde er als Meister hoch geehrt und nahm an
den fröhlichen Festen jenes Volkes teil. Unerreicht war
damals seine Kunst im Zeichnen und Malen von Bild-
nissen.

15 In Dürers Haus kamen Fürsten, Bischöfe, Ritter
und reiche Kaufherren. Kaiser Maximilian war nie in
der Stadt, ohne daß er den Künstler besuchte. Bei
einem solchen Besuche geschah es auch, daß dem Maler,
der auf einer Leiter stand, der Pinsel aus der Hand
20 fiel. Und als ein Ritter zögerte, den Pinsel aufzu-
heben, bückte sich der Kaiser selber und reichte Dürer
den Pinsel, um zu zeigen, wie hoch er den Meister und
seine Kunst ehre."

Von dem Hause Dürers gingen unsere Freunde den
25 steilen Weg zur Burg hinauf und bestiegen den Turm.
Hier hatten sie eine gute Aussicht auf die Umgebung der
Stadt. Dr. Walter machte Alfred auf die vielen großen
Fabriken aufmerksam, in denen unter andern Dingen
Drucke verschiedener Art, sowie die bekannten Nürn-

berger Spielwaren und Lebkuchen hergestellt werden.
Es war augenscheinlich, daß Kunst und Gewerbe wieder
in hoher Blüte standen wie zur Zeit, da Nürnberg eine
freie Reichsstadt war.

5 Von dort bemerkten sie auch das Germanische Museum. Ein Besuch dieser großartigen Sammlung der
verschiedensten Denkmäler und Gegenstände des deutschen Altertums bildete den Schluß ihrer Wanderung.

Alfred mußte zugeben, daß der Dichter recht hat,
10 wenn er sagt:

„Wenn einer Deutschland kennen
Und Deutschland lieben soll,
Muß man ihm Nürnberg nennen,
Der edlen Künste voll.

15 Dich, nimmer noch veraltet,
Du treue, fleiß'ge Stadt,
Wo Dürers Kraft gewaltet
Und Sachs gesungen hat."

20.

Auf der Wartburg

20 In Eisenach machten Doktor Walter und Alfred Halt,
um die Wartburg zu besichtigen. Diese noch wohl er-
haltene Burg war im Mittelalter der Wohnsitz der
Thüringer Landgrafen und ein Heim der Dichtung und
Kunst.

25 Alfred war ganz entzückt von der Schönheit der

Landschaft. Stolz ragte das Schloß mit seinen festen
Mauern, seinen steilen Dächern und hohen Türmen,
seinen Giebeln und Erkern aus dem grünen Walde
empor. Eine herrliche Aussicht erfreute die Wanderer,
5 als sie die steile Höhe erklommen hatten. Durch den
malerischen Burghof und die große Waffenhalle be-

Eisenach. Wartburg

gaben sie sich nach dem Rittersaal, wo im Jahre 1207
der berühmte Sängerkrieg stattfand. Doktor Walter
machte Alfred auf ein großes Wandgemälde aufmerk-
10 sam und sagte:

„Hier auf diesem Bilde sehen wir die bedeutendsten
Minnesänger, wie Walter von der Vogelweide, Wolf-
ram von Eschenbach, Heinrich von Ofterdingen und
Tannhäuser. Diese Sänger waren begeistert für alles

Schöne und Edle, wie Uhland in einem seiner Gedichte
von ihnen sagt:

> Sie singen von Lenz und Liebe, von sel'ger
>   gold'ner Zeit,
> Von Freiheit, Männerwürde, von Treu' und
>   Heiligkeit;
> Sie singen von allem Süßen, was Menschen-
>   brust durchbebt,
> Sie singen von allem Hohen, was Menschenherz
>   erhebt.

In diesem herrlichen Saale priesen sie die Gastfreundschaft des edeln Grafen Hermann und sangen um die
Wette."

Auf einem andern Gemälde sah man die heilige Elisabeth, die fromme Gemahlin des Landgrafen Ludwig
des Vierten, und ein wunderbares Ereignis aus ihrem
Leben dargestellt. Darüber erzählt die Sage: „Im
Jahre 1226 war in Thüringen eine Hungersnot. Da
ging die Landgräfin selbst von der Burg und brachte
den Armen und Kranken Brot und Wein. Der Landgraf sah dies nicht gern und verbot es ihr. Einst be-
gegnete er der Landgräfin, als sie gerade unter ihrem
Mantel einen Korb voll Nahrungsmittel vom Schlosse
trug. Der Landgraf fragte, was sie unter dem Mantel
verberge. Und siehe da, auf das heiße Gebet der Landgräfin verwandelte sich das Brot in duftende Rosen,
die sie dem Gemahle zeigte."

Aber nicht allein an die Ritter und Sänger, an die

Lieder und Sagen des Mittelalters erinnert die Wartburg, sondern auch an ein Werk, das für die Entwicklung der deutschen Sprache und Litteratur von größter
Bedeutung war. Denn hier übersetzte, wie Dr. Walter
5 seinem Freunde mitteilte, Martin Luther die Bibel ins

Wartburg. Lutherzimmer

Deutsche, und zwar in einer Sprache, welche die englische Übersetzung vom Jahre 1611 an Kraft und Adel
noch übertrifft. Als der Reformator auf dem Reichstag
in Worms im Jahre 1521 vom Kaiser geächtet wurde,
10 und sein Leben in Gefahr war, brachten ihn seine
Freunde heimlich auf die Wartburg. Da arbeitete er
nun ruhig an seinem großen Werke. Er bediente sich

in seiner Übersetzung solcher Ausdrücke, die allen Deutschen verständlich waren, und so schuf er an Stelle der
verschiedenen Mundarten eine allgemeine, die neuhoch-
deutsche Sprache. Hier dichtete Luther auch viele seiner
5 frommen Lieder, wie das berühmte, auch Alfred durch
Carlyle's Übersetzung wohl bekannte Lied:

„Ein' feste Burg ist unser Gott,
Ein' gute Wehr und Waffen!"

Mit Ehrfurcht betrat daher Alfred das Zimmer, in
10 dem der große Deutsche sein Werk geschrieben hatte. Er
verstand nun, warum heute noch Tausende und aber
Tausende nach der Wartburg pilgern.

21.
Im Herzen Deutschlands

Von Eisenach machten Doktor Walter und Alfred
15 noch einige Ausflüge durch Thüringen, das auf kleinem
Raum etwa ein Dutzend verschiedener Staaten umfaßt.
Sie besuchten das reizend gelegene Liebental, wo Fröbel den ersten Kindergarten gegründet hatte, und fuhren dann nach Weimar, wo sie über Nacht blieben. Am
20 nächsten Morgen besahen sie sich die Stadt, die zwischen
sanften Hügeln in einer lieblichen Gegend liegt. Doktor
Walter teilte seinem jungen Freunde mit, was die
Stadt für jeden Deutschen so anziehend macht.

Gegen Ende des achtzehnten Jahrhunderts rief die
25 Herzogin Amalie, welche Kunst und Dichtung liebte,

den geiſtvollen Schriftſteller Wieland nach Weimar. Hier ſollte er die Erziehung der Prinzen leiten. Im

Goethe in Weimar

Jahre 1775 wurde Karl Auguſt Herzog. Dieſer ver- ſammelte nun die edelſten Männer Deutſchlands an seinem Hofe. Zuerst kam Goethe, der schon einige seiner besten Werke, den Roman „Die Leiden des jungen Werther", die Dramen „Götz von Berlichingen", sowie „Egmont" und

5 viele herrliche Lieder geschaffen hatte. Und der Dichter wurde der Freund des Herzogs und

10 Minister in dessen Lande. Durch Goethe gelangte ein anderer berühmter Gelehrter und

15 Schriftsteller, Herder, nach Weimar. Im Jahre 1795 zog Schiller, der als Professor an

20 der Universität Jena wirkte, ebenfalls nach Weimar. Nun entstand zwischen den größten

Goethe-Schiller-Denkmal, Weimar

25 Dichtern Deutschlands eine innige Freundschaft, die beiden zum Vorteile gereichte. Sie teilten sich voller Vertrauen mit, was sie schaffen wollten, und einer riet und half dem andern.

In dem Theater Weimars wurden Goethes Dichtung-

en sowie die herrlichen Dramen Schillers, die Räuber,
Maria Stuart, die Jungfrau von Orleans, Wilhelm
Tell und Wallenstein gegeben. Dann kamen öfters die
Studenten von Jena nach Weimar und hörten voll Be-
5 geisterung die Worte, in denen diese großen Dichter und
Lehrer zu dem Volke sprachen.

Doktor Walter und Alfred besichtigten in Weimar
das Denkmal Schillers und Goethes, auf welchem die
beiden Dichter nebeneinander stehen und gemeinsam
10 einen Lorbeerkranz halten. Dann besuchten sie die einfachen Häuser, in denen diese Fürsten des Geistes gewohnt, den Park, in dem sie spazieren gegangen, das
Schloß des Herzogs, das sie oft als Gäste gesehen hat,
und die Gruft, in der sie die letzte Ruhe gefunden haben.
15 Sie stiegen auch auf den Kickelhahn, jenen Berg, auf
dem Goethe das wunderbare Lied dichtete:

> Über allen Gipfeln
> Ist Ruh.
> In allen Wipfeln
20 > Spürest du
> Kaum einen Hauch.
> Die Vöglein schweigen im Walde.
> Warte nur, balde
> Ruhest du auch.

25 Auf ihrer Wanderung durch Thüringen kamen sie
auch nach verschiedenen Orten, die durch ihre Gewerbtätigkeit bekannt sind. In Sonnenberg fanden sie viele
Leute mit Zeichnen und Malen, Schnitzen und Drehen

beschäftigt. Hier stellt man Spielwaren her, die das
Herz der Kinder in den fernsten Ländern erfreuen. In
Lauscha befinden sich Glashütten, in denen künstliche
Augen für Menschen, Glasaugen für Puppen, Glas-
blumen und Glasfrüchte gemacht werden. Andere Orte
liefern Porzellan und Tonwaren. So ist Ruhla am
meisten durch seine Porzellanpfeifen bekannt. Fast in
jedem Städtchen und Dorfe des Thüringer Landes üben
die Bewohner ein Gewerbe oder ein Handwerk. Und
wer nicht in der Werkstatt tätig ist, der arbeitet auf
dem Felde oder auf der Wiese, denn Thüringen ist sehr
fruchtbar. Es gleicht fast einem großen Garten, in
dem Getreide, Obst und Gemüse aller Art wachsen.

    Der Thüringer ist ehrlich und fleißig; er fühlt sich
glücklich bei der Arbeit, und der Lohn für diese bleibt
nicht aus. Nur auf den Höhen des Gebirges findet
man arme Leute, in den Städten, Dörfern und fruchtbaren Tälern aber herrscht Wohlstand. Und die Thüringer freuen sich des Lebens.

    Man sagt, daß das Thüringer Land lustig sei, und
die Bewohner sind es auch. Musik und Gesang ist des
Thüringers größte Freude. Fast jedermann spielt ein
Instrument, die Violine, die Flöte, die Klarinette oder
das Klavier. In Gesangvereinen und aus dem Munde
einzelner Leute ertönen Lieder, bald heiter, bald traurig. In manchen einzelnen Orten des Waldes kann
man im Winter Konzerte hören, so gut wie in der
Stadt.

    Der Thüringer ist gastfreundlich. Bei den Festen

geht es hoch her, und es ist nicht selten, daß bei Hoch-
zeiten ein Ochse, mehrere Kälber und Schafe verspeist
werden. Die Bauern im Norden Deutschlands sind
wohl auch gastfrei, allein sie tun stolz mit ihrer Gastfreundschaft. Dem Thüringer kommt jedoch die Gastfreundschaft von Herzen. Gott hat ihr Land gesegnet,
sie freuen sich darüber und wollen, daß der Gast ihre
Freude teile.

Auch von den Volksfesten der Thüringer wußte Doktor Walter manches zu erzählen. Bei den Vogelschießen
erscheinen die Schützen mit Musik und Fahnen auf
einer Wiese. Sie schießen auf Scheiben, und wer am
besten trifft, erhält einen Preis. Auf einer hohen
Stange sieht man den Reichsadler. Auf der Wiese
brennen Feuer, an denen gekocht und gebraten wird.
Ringsum stehen bunte Buden, in welchen man allerlei
Dinge sehen und kaufen kann. Nun führt der Bürger
seine lieben Gäste umher, und alle erfrischen sich an
Trunk und Speise.

Das Hauptfest der Landleute ist die Kirchweihe, auch
Kirmes oder Kirmse genannt. Die lustigsten Burschen
eines Dorfes bilden einen Verein und zahlen Geld für
das Fest in eine gemeinsame Kasse. Am Kirchweihmor-
gen blasen Musikanten ein feierliches Lied. Dann gehen
die jungen Burschen mit geschmückten Mädchen in Paa-
ren nach der Kirche. Die Musik marschiert an der
Spitze des Zuges. In der Kirche ist Gottesdienst und
Predigt. Am Nachmittage treffen sich die jungen Leute
im Wirtshause in einem Tanzsaal, oder unter der Dorf-

linde. Dann spielt die Musik, und Burschen und Mädchen tanzen im Saale oder auf dem Rasen unter der
Linde.

In Thüringen, das in der Mitte Deutschlands liegt,
5 klingen zu eifriger Arbeit frohe Lieder aus dem Munde
des Volkes. Hier blühte die Sage und die Kunst. Hier
schufen die größten deutschen Dichter ihre unsterblichen
Werke. Deshalb nennt man Thüringen mit Recht das
Herz Deutschlands.

10 Die Freunde verließen Thüringen nicht, ohne auch
den Kyffhäuser besucht zu haben. Die Sage erzählt, der
größte hohenstaufische Kaiser, Friedrich der Rotbart, sei
nicht gestorben. Er schlafe in dem Berge und werde
wiederkommen, wenn das deutsche Reich neu erstehe.
15 Da dies nun geschehen, und Deutschland wieder ein
Kaiserreich geworden ist, hat man dem Gründer des
neuen deutschen Reiches auf dem Kyffhäuser ein Denkmal gesetzt.

Über Eisleben, wo Luther geboren wurde und starb,
20 ging die Reise dann weiter nach der größten Handelsstadt Sachsens, nach Leipzig. Dr. Walter zeigte seinem
Freunde die Sehenswürdigkeiten der schönen Stadt, die
zur Zeit Lessings der Mittelpunkt des geistigen Lebens
in Deutschland war und heute noch der Mittelpunkt des
25 deutschen Buchhandels ist. Sie besichtigten die welt-
berühmte Universität, die alte Thomaskirche, wo Johann Sebastian Bach mit großer Kunst die Orgel spielte
und die deutsche Musik nach den Stürmen des dreißig-
jährigen Krieges zu neuem Leben erweckte, das Ge-

wandhaus, wo die besten Konzerte abgehalten werden,
das neue Rathaus und das Reichsgericht, das seit 1879
dort seinen Sitz hat. Der Handel, besonders in Pelzwaren, Leder und Tuch, ist sehr ausgedehnt und zieht
5 zur Zeit der Messen, an Ostern und im Herbst, eine
Menge von Kaufleuten nach der Stadt. Am meisten
erstaunte Alfred über die große Zahl von Buchhandlungen, über achthundert, von denen mehrere, wie Meyer,
Brockhaus, Reclam, Teubner und Tauchnitz, einen
10 Weltruf erlangt haben. Wie ihnen ein Buchhändler
mitteilte, wurden im Jahre 1907 über 42 Millionen
Bücher aus Deutschland ausgeführt, davon gingen über
zwei Millionen nach den Vereinigten Staaten. In jenem Jahre wurden in Deutschland fast vier mal so viel
15 Bücher veröffentlicht als in den Vereinigten Staaten.

Nach ihrer Rückkehr zum Bahnhofe trennten sich die
beiden Freunde. Doktor Walter kehrte zu seinen Eltern
nach Frankfurt zurück, Alfred reiste zunächst nach dem
schönen Dresden, um sich die Kunstschätze der sächsischen
20 Hauptstadt anzusehen, und von da nach Berlin.

Der Erlkönig

Wer reitet so spät durch Nacht und Wind?
Es ist der Vater mit seinem Kind;
Er hat den Knaben wohl in dem Arm,
25 Er faßt ihn sicher, er hält ihn warm.

„Mein Sohn, was birgst du so bang dein Gesicht?" —
„Siehst, Vater, du den Erlkönig nicht?

Den Erlenkönig mit Kron' und Schweif?" —
"Mein Sohn, es ist ein Nebelstreif." —

"Du liebes Kind, komm, geh mit mir!
Gar schöne Spiele spiel' ich mit dir;
5 Manch bunte Blumen sind an dem Strand;
Meine Mutter hat manch gülden Gewand." —

"Mein Vater, mein Vater, und hörest du nicht,
Was Erlenkönig mir leise verspricht?" —
"Sei ruhig, bleibe ruhig, mein Kind;
10 In dürren Blättern säuselt der Wind." —

"Willst, feiner Knabe, du mit mir gehn?
Meine Töchter sollen dich warten schön;
Meine Töchter führen den nächtlichen Reihn
Und wiegen und tanzen und singen dich ein." —

15 "Mein Vater, mein Vater, und siehst du nicht dort
Erlkönigs Töchter am düstern Ort?" —
"Mein Sohn, mein Sohn, ich seh' es genau:
Es scheinen die alten Weiden so grau." —

"Ich liebe dich, mich reizt deine schöne Gestalt;
20 Und bist du nicht willig, so brauch' ich Gewalt." —
"Mein Vater, mein Vater, jetzt faßt er mich an!
Erlkönig hat mir ein Leids getan!" —

Dem Vater grauset's, er reitet geschwind,
Er hält in Armen das ächzende Kind,
25 Erreicht den Hof mit Mühe und Not;
In seinen Armen das Kind war tot.   Goethe.

Barbaroſſa

Der alte Barbaroſſa.
Der Kaiſer Friederich,
Im unterird'ſchen Schloſſe
Hält er verzaubert ſich.

Er iſt niemals geſtorben,
Er lebt darin noch jetzt;
Er hat im Schloß verborgen
Zum Schlaf ſich hingeſetzt.

Er hat hinabgenommen
Des Reiches Herrlichkeit
Und wird einſt wiederkommen,
Mit ihr, zu ſeiner Zeit.

Der Stuhl iſt elfenbeinern,
Darauf der Kaiſer ſitzt;
Der Tiſch iſt marmelſteinern,
Worauf ſein Haupt er ſtützt.

Sein Bart iſt nicht von Flachſe,
Er iſt von Feuersglut.
Iſt durch den Tiſch gewachſen,
Worauf ſein Kinn ausruht.

Er nickt als wie im Traume,
Sein Aug' halb offen zwinkt;
Und je nach langem Raume
Er einem Knaben winkt.

Er spricht im Schlaf zum Knaben:
„Geh hin vors Schloß, o Zwerg,
Und sieh, ob noch die Raben
Herfliegen um den Berg.

5   Und wenn die alten Raben
Noch fliegen immerdar,
So muß ich auch noch schlafen
Verzaubert hundert Jahr."

Rückert.

22.

10   In Berliner Läden

Alfred war in Berlin angekommen. Auf den Rat Doktor Walters hatte er schon von Frankfurt aus folgendes Gesuch in eine der Berliner Zeitungen einrücken lassen:

15   „Ein junger Amerikaner sucht Kost, Wohnung und engen Anschluß in einer gebildeten Familie, in der tadelloses Deutsch gesprochen wird. Angebote mit Preisangabe unter A. S. 125. Postlagernd, Frankfurt."

Auf diese Anzeige war folgendes Angebot eingelaufen:

20   „Bezugnehmend auf Ihr Gesuch beehre ich mich Ihnen mitzuteilen, daß ich in meinem Hause Zimmer mit Pension zu vermieten habe. Die Gelegenheit zum

Sprechen sowie Familienanschluß werden zugesichert.
Pension 125 Mark monatlich.   Hochachtungsvoll
        Frau Anna Lange, Professorswitwe,
                Jägerstraße 70."
Alfred nahm nun eine Droschke und fuhr nach der
erhaltenen Adresse. Es war eine ruhige Familienpen-
sion in guter Lage. Frau Lange, eine würdige alte
Dame, zeigte ihm einige Zimmer, die gerade frei waren. Er wählte ein freundliches Eckzimmer mit der
Aussicht auf die Straße. Es enthielt ein eisernes Bett,
mit einer Sprungfeder- und Roßhaarmatratze, Bett-
decken und zwei Kopfkissen, einen hübschen Schreibtisch,
einen Kleiderschrank, eine Kommode mit drei Schub-
laden, ein kleines Sofa, einen Waschtisch mit Marmorplatte, Waschschüssel, Wasserflasche mit Glas, und an
den Wänden einen Spiegel und mehrere Bilder.
    Alfred hatte gerade seine Sachen ausgepackt, in den
Schrank gehängt und die Kommode gelegt, da klopfte
es an. Er rief: „Herein!" und das Dienstmädchen
trat ein.
    „Herr Strong," sagte sie, „ein Herr und eine Dame
aus Amerika sind unten im Empfangszimmer und
wünschen Sie zu sprechen."
    „Wie heißen sie?" fragte Alfred.   „Entschuldigen
Sie," antwortete das Dienstmädchen, „die Herrschaften
nannten ihren Namen, ich konnte ihn jedoch nicht verstehen."
    „Gut, ich komme sogleich," sprach Alfred und folgte
dem Dienstmädchen in das Empfangszimmer. Zu sei-

ner großen Freude traf er hier seine Tischnachbarn von
der Phönizia, Herrn und Fräulein Hill. Er hatte ihnen
schon von Frankfurt aus die Adresse der Frau Lange
gegeben. Herr Hill wollte vor seiner Heimreise nach
5 Amerika seiner Schwester die Hauptstadt des deutschen
Reiches zeigen und war deshalb mit ihr nach Berlin
gekommen.

„Was fangen wir heute an?“ fragte Alfred seine
Reisegenossen. Ich kenne Berlin noch wenig, und das
10 Wetter ist nicht günstig zu einem Spaziergang. Wollen
wir vielleicht das Museum, die Nationalgalerie, oder
das Zeughaus besuchen?“

„Das könnten wir,“ entgegnete Hr. Hill, „doch meine
Schwester wollte eigentlich einige Einkäufe machen.“

15 Das paßt mir trefflich,“ antwortete Alfred, „auch ich
brauche verschiedene Dinge; gehen wir also in einige
Berliner Läden.“

Hr. Hill und seine Schwester waren damit einverstanden, und die drei begannen ihre Wanderung. Sie gin-
20 gen über einen der schönsten Plätze Berlins, den Schil-
lerplatz, wo ein Denkmal des Dichters Schiller vor dem
Schauspielhaus steht. Hier fragten sie einen Schutzmann nach einem Kaufhause, und er wies sie nach der
Leipziger Straße. Unsere Freunde besichtigten auf
25 ihrem Gange verschiedene Schaufenster. Die schönen
Auslagen der Kunst- und Buchhandlungen, der Por-
zellan- und Glaswarengeschäfte waren besonders anziehend. Man sah prächtige Gegenstände, die mit vie-
lem Geschmacke ausgestellt waren. Einige Male be-

traten sie einen Laden, fanden aber, daß dieser weder
so groß noch so schön war, als sie dies nach dem Schaufenster erwartet hatten.

Schließlich gingen sie in das große Wertheim'sche
Warenhaus. Sie waren erstaunt über die geschmackvolle
Ausstattung, die einem amerikanischen Warenhaus nicht
nachstand. In der Abteilung für Modewaren waren
sowohl Männer als Frauen angestellt. Frl. Hill blieb
einigemal stehen, und die Verkäufer fragten sogleich:
„Womit kann ich dienen?“ — „Was wäre Ihnen gefällig?“ oder „Sie wünschen?“

Frl. Hill wollte sich Glanzhandschuhe kaufen, und die
Verkäuferin sagte: „Bitte, bemühen Sie sich gütigst
nach der nächsten Abteilung, dort finden Sie eine große
Auswahl.“

Die drei folgten dieser Weisung und fanden wirklich
Lederhandschuhe in allen Farben und Größen, mit
einem Knopf oder mehreren Knöpfen, das Paar von
2 bis 8 Mark.

Eine Dame, die neben Frl. Hill stand, versuchte zu
handeln. Alles war ihr zu teuer, und sie wollte die
Waren billiger haben. Die Verkäuferin erklärte jedoch,
in dem Geschäfte seien feste Preise, sie könne auch nicht
einen Pfennig ablassen.

In der nächsten Abteilung waren alle Arten von
Herrenkleidern, Mäntel, Röcke, Westen, Hosen, wie
ganze Anzüge zu haben. Die Überzieher, Röcke und
Mäntel schienen den Amerikanern billiger zu sein, als
man sie in den Vereinigten Staaten verkauft.

Ein Landmann kaufte für einen Knaben von etwa zwölf Jahren einen Sonntagsanzug. „Geben Sie mir ja Zeug, das stark, gut und billig ist," sagte er. Der Anzug, den der Vater für seinen Sohn aussuchte, war diesem zu groß. Der Verkäufer machte den Bauer darauf aufmerksam, dieser aber antwortete: „Das macht nichts, dann kann ihn der Junge um so länger tragen."

In der Abteilung für Damenhüte besichtigten zwei junge Fräulein Herbsthüte. Sie wollten nur das Neueste haben und probierten mindestens ein Dutzend Hüte an, ehe sie einen nahmen. Frl. Hill bemerkte lächelnd, sie habe Ähnliches auch schon in amerikanischen Läden gesehen.

Nachdem die Reisegefährten gekauft hatten, was sie brauchten, begaben sie sich nach einer Bank. Dort überreichte Herr Hill einen Wechsel und erhielt bares Geld für denselben.

Alfred begleitete Herrn und Frl. Hill in das viel besuchte Kroll'sche Gartenlokal, wo er mit ihnen ein sehr gutes Abendessen einnahm. Neben ihnen saßen mehrere junge Herren an einem Tische und bestellten sich Bier. Unsere Freunde bemerkten, wie sie mit den vollen Gläsern anstießen. Der eine sagte: „Prosit, Herr Berens!" Der andere: „Ihr Wohl, Herr Frank!" und dann erst tranken sie.

Nach dem Abendessen besuchten die Hills ein Konzert, Alfred aber ging in seine Wohnung, um noch einen Brief an seine Mutter zu schreiben.

23.
Ein Gang durch Berlin

Berlin, den 28. August.

Liebe Mutter!

Gestern haben die Hills und ich Berlin besichtigt, d. h.
einen Teil der Stadt. Wir gingen kleinere Strecken zu
Fuß, bei größeren benutzten wir die Hochbahn oder die
elektrische Trambahn, deren Wagen fast ganz geräusch-
los laufen. Mitunter nahmen wir auch eine Droschke.
Diese sind hier billig, so daß man sich das Vergnügen
schon erlauben kann.

Du hast Berlin noch nicht gesehen. Ich will deshalb
versuchen, Dir unsere Wanderung zu beschreiben. Ich
traf die Hills um neun Uhr am Brandenburger Tor.
Auf diesem prächtigen Bau steht Viktoria, die Göttin
des Sieges, in einem Wagen, der von vier Pferden
gezogen wird; die Franzosen führten diese Siegesgöttin
im Jahre 1807 nach Paris, im Jahre 1813 holten sie
die Preußen aber wieder nach Berlin zurück. Von dem
Brandenburger Tore gingen wir unter die Linden.
Dieses ist die breiteste und prächtigste Straße Berlins.
Hier gehen die Fußgänger auf einem schattigen Spazierweg in der Mitte, die Wagen und Reiter müssen
die Straßen auf beiden Seiten benutzen. Unter den
Linden ist keine lange Straße, auch sind die Gebäude
bei weitem nicht so hoch oder groß, wie man sie in New
York oder Chicago sieht, aber doch schön. Und das
schlichteste Gebäude ist das Schloß, welches Kaiser Wil-

helm I. bewohnt hat. So einfach wie dieses Haus ist,
soll auch der Herrscher gewesen sein, der hier mit dem
Fürsten Bismarck so viel Großes geschaffen hat. Dies
zeigt sich bei dem Besuche des Schlosses. Denke Dir, in
dem Schlafzimmer des Kaisers steht noch das schmale

Berlin. Unter den Linden

eiserne Bett, in welchem er ruhte. In seinem Arbeits-
zimmer befinden sich ein breiter Schreibtisch mit den
Photographien der Familie, ein ganz gewöhnlicher
Sessel, ein Schrank mit Schriftstücken, Möbel, die mit
roter Seide überzogen sind, und an den Wänden einige
Ölgemälde und Büsten. Dieser Raum ist nicht besser
eingerichtet als das Empfangszimmer Herrn Walters

in Frankfurt. Es gefällt mir sehr, daß der mächtige Herrscher Deutschlands so einfach wohnte, wie ein wohlhabender Geschäftsmann.

Vom Eckfenster seines Zimmers schaute der Kaiser gewöhnlich auf die Straße, wenn die Wache um 12 Uhr mittags vorüber marschierte. Dann grüßten die Leute den alten Kaiser, den sie hoch verehrten.

Nahe bei dem Schlosse steht das herrliche Reiterbild Friedrichs des Großen. Auf der Nordseite der Straße liegt ein stattlicher Bau, das Zeughaus. Hier werden alle Arten von Waffen aufbewahrt. Vom Zeughaus führt die Schloßbrücke über den kleinen Fluß Spree, der hier nicht viel breiter ist, als ein Kanal. Diese Brücke nennen die witzigen Berliner Puppenbrücke, weil sie mit acht großen Marmorfiguren geschmückt ist, welche Krieger darstellen. Von der Brücke aus hat man einen prächtigen Blick. Man sieht das Schloß der preußischen Könige, und vor demselben das Riesendenkmal Kaiser Wilhelms I., das der ausgezeichnete Bildhauer Begas geschaffen hat. Es scheint mir aber mehr prächtig als schön zu sein. Weil der Bau mit so vielen steinernen Adlern und Löwen geschmückt ist, nennen ihn die Berliner die kaiserliche „Menagerie“.

Von der Brücke sieht man ferner das alte und das neue Museum, wie die Nationalgalerie, die eine große Sammlung der besten neueren Gemälde enthält. Alle diese Gebäude liegen in dem Lustgarten. Hier freut sich das Auge an dem frischen Grün des Rasens und der Gruppen von Sträuchern. Auf den Wegen spielen

Der Kaiser an der Spitze der Fahnenkompagnie

muntere Kinder und lauschen auf das Plätschern der
Springbrunnen, oder füttern die kleinen Goldfische in
den Wasserbecken. In dem Lustgarten ist es immer sehr
lebhaft. Man sieht Fremde von nah und fern, Bewoh-
5 ner der Stadt, die nach ihren Geschäften eilen oder von
denselben kommen, Spaziergänger, Soldaten aller Art
und Kindermädchen. Diese tragen häufig eine große
weiße Haube auf dem Kopfe, was sehr sonderbar aus-
sieht.

10   Am zweiten Tage unserer Besichtigung nahmen wir
eine Droschke und fuhren nach der langen Brücke, wo
wir das herrliche Reiterdenkmal des großen Kurfürsten
bewunderten. Dann ging es nach dem größten Parke
Berlins, dem Tiergarten. Hier sieht man gegen Abend
15 auf breiten Wegen die vornehme Welt in Wagen und
zu Pferd, während hunderte von Spaziergängern auf
schattigen Pfaden umhergehen. Wir folgten einem
solchen und kamen auf eine Brücke, die über einen Arm
der Spree führt. Auf derselben standen viele Menschen
20 und schauten auf eine Reihe von Schiffen und Kähnen,
von denen einige mit Äpfeln beladen waren. Zu meinem Erstaunen erkannte ich unsere amerikanischen Bald-
wins, die von Hamburg auf Kanälen mit sehr geringen
Kosten nach Berlin gebracht werden. Doktor Walter
25 teilte mir mit, daß in Deutschland die Wasserstraßen
viel mehr benutzt werden als bei uns, und daß jährlich
über 50,000 Schiffe in Berlin landen.

In einem Teile des Parkes befindet sich der zoolo-
gische Garten, der besonders von der Jugend besucht

wird. Auch an stillen Teichen mit stolzen Schwänen,
freundlichen Inseln und einsamen Ruheplätzen fehlt
es nicht.

Das Siegesdenkmal, eine hohe Säule mit einer Sie-
5 gesgöttin, erhebt sich gleichfalls im Tiergarten. Wir
stiegen im Innern der Säule auf 264 Stufen zur Platt-
form empor, von der wir eine weite Aussicht auf die
ganze Stadt und die Wälder und Seen der Umgebung
Berlins hatten. Das bei Berlin gelegene Potsdam mit
10 dem Schloß Sanssouci, in dem sich Friedrich der Große
so gerne aufhielt, und Charlottenburg mit dem Mausoleum, der Grabstätte der edlen Königin Luise, werde
ich später besuchen.

Im Norden von Berlin liegt das Arbeiterviertel,
15 dessen reinliche Straßen der Stadtverwaltung alle Ehre
machen.

Am Nachmittage wanderten wir nach dem großartigen Palaste, in welchem der deutsche Reichstag seine
Sitzungen abhält. Vor diesem Palaste steht ein mäch-
20 tiges Denkmal des eisernen Kanzlers, wie man Bismarck nennt. Doktor Walter hat mir erklärt, daß es
ohne ihn weder das deutsche Reich, noch den Reichstag
gäbe. Es scheint mir deshalb nur recht zu sein, daß
man sein Denkmal auf diesem Platze errichtet hat.

25 Was mir in Berlin besonders gut gefallen hat, waren die sauberen Straßen, auf denen man nicht den
geringsten Schmutz liegen sieht. In allen neueren
Straßen haben die Häuser hübsche Vorgärten und Bal-
kone, die reich mit Blumen geschmückt sind, so daß das

Siegesallee, Siegesdenkmal, und Reichstagsgebäude

Auge überall durch frisches Grün und prächtige Blumen
erfreut wird.

Was wir auf einer späteren Wanderung besichtigen,
wird Dir gleichfalls beschreiben

5   Dein
         Dich herzlich liebender Sohn
                          Alfred.

———

24.

Von der Polizei

Berlin, den 1. September.

10   Liebe Mutter!

Wo glaubst Du, daß ich gestern Morgen gewesen
bin? Nun, ich will es Dir sagen, denn Du würdest es
gewiß nicht raten. Ich war auf der Polizei, aber bekomme ja keinen Schrecken! — nicht wegen irgend eines
15 Verbrechens, sondern nur, um mich anzumelden. Jedermann, der in eine deutsche Stadt kommt, muß sich
anmelden, und, wenn er längere Zeit bleibt, auf der
Polizei seine Wohnung, seinen Namen, Stand, sein
Alter, seine Religion, woher er kommt, und was er in
20 der Stadt tun will, angeben.

Bei deutschen Männern gibt es dafür einen guten
Grund. Sie gehören ja bis zu einem gewissen Alter
alle zum Kriegsheere. Wenn es zum Krieg kommt,
muß die Regierung ihre Adressen wissen, damit man sie
25 sofort zum Dienst rufen kann. Warum aber die Frem-

den alle diese Dinge der Polizei mitteilen müssen, kann
ich nicht verstehen.

Am Nachmittag hätte ich beinahe nochmals mit der
Polizei zu tun bekommen. Ich hatte mir ein Rad ge-
5 liehen und fuhr außerhalb der Stadt auf einer breiten
Straße dahin. In der Mitte war sie vom Regen naß
und manchmal schmutzig. Der schmalere Weg auf der
rechten Seite war schön trocken. Als ich nun einen
Radler vor mir auf diesem trockenen Weg fahren sah,
10 wollte ich seinem Beispiele folgen. In diesem Augenblick trat ein Schutzmann hinter einem Baume hervor
und hielt den Radler an. Ich merkte, daß etwas nicht
richtig war, und blieb auf der Mitte der Straße.

Als ich in die Pension zurückkam, fragte ich einen
15 jungen Herrn, warum der Schutzmann den Radler
angehalten habe. Er erklärte mir, es sei verboten, auf
dem Bürgersteig zu radeln, und der junge Mann müsse
3 Mark Strafe bezahlen. Es ist ferner verboten, ohne
einen Erlaubnisschein der Polizei, der 4 Mark kostet,
20 ohne Nummer am Rade, oder ohne Bremse zu radeln.

Auch sonst gibt es in Deutschland noch eine Menge
von Dingen, um die sich in Amerika die Polizei nicht
kümmert. Es ist verboten, Papier auf der Straße
fallen zu lassen, auf der linken Seite über eine Brücke
25 zu gehen, die Eisenbahn zu betreten, wo kein Übergang
ist, oder sich auf einem Eisenbahnzug aus dem Fenster
zu lehnen. In den Parks ist es verboten, den Rasen
zu betreten, und Kinder dürfen nicht auf Bänken für
Erwachsene sitzen.

Manche dieser Verbote sind gewiß am Platze, andere
dagegen scheinen mir unnötig zu sein. An einem Brun-
nentroge sah ich ein Plakat mit den Worten: Nur für
Pferde! Nun, ich glaube, daß kein Mensch aus einem
Troge trinken würde.

Die Berliner sagen im Scherze: „Die Polizei weiß
alles." Das hat, wie ich gleichfalls gestern abend erfuhr, doch auch sein Gutes.

Gegen fünf Uhr trat ich in das Empfangszimmer.
Da fand ich einen Diener, der auf mich wartete und
mir ein Briefchen von der Sängerin, Frau Schumann,
übergab. Es lautete:

„Mein lieber junger Freund und Reisegefährte von
    der Phönizia!

Seit einigen Wochen bin ich in meinem Berliner
Hotel und werde heute abend eine kleine Gesellschaft bei
mir haben. Nach dem Essen wird ein wenig Musik gemacht. Da nun morgen die Prüfungen für die Aufnahme in die Königliche Hochschule für Musik sind,
nehme ich an, daß Sie sich schon in der Stadt befinden.
Es würde mich herzlich freuen, wenn Sie Abendbrot
mit uns nehmen und mich später beim Singen begleiten
wollten. Sie werden auch einige Musiker treffen, deren
Bekanntschaft Ihnen vielleicht Nutzen bringen kann.

    Mit herzlichem Gruß,
        Ihre ergebene
            Clara Schumann."

Ich war ebenso überrascht als erfreut und fragte den
Diener, wer ihm denn meine Adresse gegeben habe.

Lächelnd antwortete er: „Nun, ich fragte auf der Polizei nach. Dort habe ich Ihre Adresse erhalten." Da
dachte ich bei mir, es hat doch auch sein Gutes, daß sich
die Polizei hier um alles kümmert.

5 Natürlich ging ich zu Frau Schumann. Ich wurde
sehr freundlich empfangen und verschiedenen Damen
und Herren vorgestellt. Einer der letzteren war ein
bekannter Pianist und Lehrer an der Musik-Hochschule.
Nachdem ich Frau Schumann begleitet hatte, trat er zu
10 mir und sprach: „Frau Schumann sagte mir, daß Sie
morgen zur Prüfung kommen werden. Nach dem, was
ich eben gehört habe, wird es mir Vergnügen machen,
Sie zu prüfen, und ich hoffe, Sie zum Schüler zu bekommen."

15 Heute morgen ging ich nun zur Prüfung. Mit mir
waren 16 junge Leute aus verschiedenen Teilen der
Vereinigten Staaten da. Ich hatte frohen Mut, spielte
so gut als ich nur konnte, und alles ging ausgezeichnet.
Später erfuhr ich, daß ich die Prüfung gut bestanden
20 hätte. Nun geht es frisch an die Arbeit, und Dein
Sohn darf sich heute zum ersten Male nennen

Alfred Strong,
Schüler der Königlichen Hochschule
für Musik in Berlin.

25.
Geschichtchen von den Hohenzollern und Berliner Witz

1. Friedrich der Große und Washington

In Albany zeigt man einen preußischen Degen, ein
Ehrengeschenk Friedrich des Großen für Washington,
mit der Inschrift:

„Von dem ältesten General in der Welt dem größten."

So lobte der Held des siebenjährigen Krieges die
Kriegskunst George Washingtons. Auch auf andere
Weise zeigte der „alte Fritz" seine freundliche Gesinnung gegen die Vereinigten Staaten, und im Jahre
1785 schloß er einen Freundschafts- und Handelsver-
trag mit denselben.

2. Wie der alte Fritz den Undank bestrafte

Dummheit und Stolz wachsen auf einem Holz, heißt
es im Sprichwort. Einen eingebildeten, dummen Menschen nennt man auch Schafskopf, denn das Schaf gilt
für ein dummes Tier. Nun gibt es in Berlin ein Haus,
an dessen Vorderseite neunundneunzig Schafsköpfe in
Stein gehauen sind. Die Berliner erzählen davon folgende Geschichte, welche erklärt, warum das Haus eine
so sonderbare Verzierung trägt:

Ein Offizier bekam einst für seine Verdienste von
Friedrich dem Großen ein Haus zum Geschenke. Bald
darauf geschah es, daß der König ihn auf dem Parade-

felbe traf und fragte, wie ihm ſein neues Haus gefiele.
Der Offizier, welcher andere beneidete, weil ſie ſchönere
Häuſer beſaßen, dachte nicht an das Sprichwort: Einem
geſchenkten Gaul ſieht man nicht ins Maul, und ant-
wortete zögernd: „O, ſehr gut, und ich bin Eurer
Majeſtät von Herzen dankbar, aber —“

„Nun, was iſt es mit dem Aber?“ fragte der König.

„Die Außenſeite iſt gar zu einfach,“ fuhr der unzu-
friedene Beſitzer fort, „ich hätte mir einige paſſende
Verzierungen gewünſcht.“   Friedrich runzelte die
Stirne, blickte ihm mit ſeinen großen, blauen Augen
ins Geſicht und ſprach nach einigem Nachdenken: „Sie
ſollen Ihre Verzierung erhalten.“

Am nächſten Tage ſchon ſandte der König Zimmer-
leute.   Dieſe brachten Holz und errichteten ein Gerüſt,
welches die ganze Vorderſeite des Hauſes verdeckte.
Dann kamen Steinmetze, zogen Steine hinauf und
fingen an, eifrig zu arbeiten. Sogleich ſchrieb der Offizier an ſeinen König und bat um eine Audienz, um
ihm zu danken.   Er hatte jedoch keinen Grund dazu.
Denn als die Arbeit beendigt und das Gerüſt abge-
brochen war, wurde oben am Hauſe eine lange Reihe
von ſteinernen Schafsköpfen ſichtbar.

Der Offizier wußte, daß er nichts Beſſeres tun könne
als die Sache ſchweigend hinnehmen. Der König aber
wartete auf eine Gelegenheit, dem eitlen Offizier ſeine
Meinung zu ſagen.   Die Gelegenheit bot ſich ſchon
einige Tage ſpäter.

Der Offizier ging eines Morgens wieder auf den

Paradeplatz. Der König ritt gerade vorüber und erkannte ihn von weitem. Er rief ihm zu, er solle näher
treten, und fragte ihn: „Nun, mein Freund, sind Sie
mit den Verzierungen zufrieden?" „Jawohl, Ma-
5 jestät," antwortete der Offizier, der verlegen dastand.
„Nun," versetzte der alte Fritz, „es freut mich, daß ich
Ihren Geschmack so gut erraten habe. Es ist freilich
schade, daß nur Platz genug da war für neunundneunzig Schafsköpfe; aber Sie können ja zu jeder Zeit das
10 Fenster öffnen und hinaussehen, dann ist das Hundert
voll."

3. Es gibt Ausnahmen

Einst kam ein junger Kandidat der Theologie zu
Friedrich dem Großen und bat ihn um eine gewisse
15 Stellung. Der König fragte: „Wo sind Sie geboren?"
— „In Berlin," war die Antwort. „In Berlin?"
meinte der König, „dann bekommen Sie die Stellung
nicht, die Berliner sind alle nichts wert."
„Das ist sehr richtig, Majestät," antwortete der Kan-
20 didat, „allein es gibt zwei Ausnahmen." — „Und die
wären?" — „Eure Majestät und ich," versetzte der
Kandidat. Dem König gefiel diese Antwort so gut, daß
er dem Bittenden die Stellung gab.

4. Bismarck und der Reichstag

25 Vor dem Reichstagsgebäude in Berlin wurde das
Denkmal Bismarcks so errichtet, daß Bismarck den

Reichstag im Rücken hatte. Da machten die Berliner den Witz: „Bismarck hat jetzt erreicht, was er in seinem ganzen Leben nicht fertig gebracht hat: Er hat den ganzen Reichstag hinter sich.“

5. Schlagfertig

Der Einjährig-Freiwillige Lehmann spaziert im bürgerlichen Anzuge im Berliner Tiergarten, sieht von weitem seinen Oberst kommen und springt eiligst hinter einen Baum, um nicht gesehen zu werden. Denn nach der Vorschrift sollte er in Dienstkleidung ausgehen.

Am nächsten Morgen frägt der Oberst auf dem Kasernenhofe: „Freiwilliger Lehmann, wie kam es, daß ich Sie gestern im Tiergarten in Zivil sah?“ Lehmann antwortete: „Weil der Baum nicht dick genug war, Herr Oberst!“

6. Er nahm ihn beim Worte

Ein Berliner Student sprach in einem Gasthause so viel von seinen Kenntnissen, daß ein Gast die Geduld verlor und ärgerlich sagte: „Jetzt aber haben wir wirklich genug von dem gehört, was Sie können; sagen Sie mir auch einmal, was Sie nicht können, und ich stehe dafür, daß ich es kann.“

„Ich?“ sagte der Student, „nun, ich kann meine Rechnung nicht bezahlen, und es freut mich sehr, daß Sie das können.“ — Unter allgemeinem Gelächter mußte der Gast sein Versprechen halten.

Kaiser Wilhelm mit seinem Urenkel am historischen Eckfenster seines Schlosses

7. Von Kaiſer Wilhelm dem Erſten

Kaiſer Wilhelm war, wie ſeine Mutter, die unvergeß-
liche Königin Luiſe, eine tief religiöſe Natur. Von
ihr hatte er auch die Herzensgüte geerbt. Wie rück-
5 ſichtsvoll er gegen andere war, zeigt folgender Vorfall.
Der Kaiſer pflegte ſich jeden Mittag bei der Parade
an dem Eckfenſter ſeines Schloſſes zu zeigen, um dem
Volke und den Fremden, die nach Berlin gekommen
waren, Gelegenheit zu geben, ihn zu ſehen. Eines
10 Tages war der alte Herr unwohl und ſollte nach dem
Wunſche des Arztes ruhen. Als es zwölf Uhr ſchlug,
ſtand er trotzdem auf, um an das Fenſter zu gehen.
Denn er hörte, daß viele Leute gekommen waren, ihn
zu ſehen. Der Arzt wollte ihn zurückhalten, aber der
15 Kaiſer ſagte: „Laſſen Sie mich! Ich muß ans Fenſter, es iſt Mittag, und im Bädeker ſteht, daß man mich
um dieſe Zeit von der Straße aus ſehen kann.‟
Eine treffliche Schilderung von Kaiſer Wilhelm gab
Fürſt Bismarck dem amerikaniſchen General Grant:
20 „In vielen Beziehungen gleicht der Kaiſer ſeinem
Vorfahren Friedrich Wilhelm dem Erſten, beſonders in
der Einfachheit des Charakters und der Sorge für das
Wohl ſeiner Untertanen. Niemals hat der Kaiſer ab-
ſichtlich Böſes getan, niemals jemand gekränkt.‟ Un-
25 ermüdlich war er in der Erfüllung ſeiner Pflicht: „Ich
habe keine Zeit, müde zu ſein,‟ war einer ſeiner letzten
Ausſprüche.

8. Man kann immer etwas lernen

Kaiser Wilhelm II., der jetzige Herrscher Deutschlands, machte auf seinem Dampfer Hohenzollern eine

Kaiser Wilhelm II.

Fahrt auf der Nordsee. In der Nähe des Landes kam
5 ein Lotse an Bord des Schiffes. Derselbe hatte den
Kaiser nur im Bilde gesehen, und da war er immer in

Uniform dargeſtellt geweſen. Als nun der Monarch im Reiſeanzug zu dem Lotſen trat, erkannte dieſer ihn nicht. Der Kaiſer begann mit dem Lotſen dieſes und jenes über das Steuern des Schiffes zu ſprechen. An
5 einer gewiſſen Stelle fragte er ihn, ob es hier nicht beſſer wäre, anders zu ſteuern, als es der Lotſe tat. Um dieſem zu zeigen, was er meinte, erfaßte er ſelbſt das Steuerrad und begann es zu drehen. Da ſagte der Lotſe, und zwar nichts weniger als höflich: „Sag' ein-
10 mal, biſt du der Lotſe, oder ich?" und ergriff wieder das Steuerrad.

Die Begleiter des Kaiſers, welche in der Nähe ſtan-den, waren entrüſtet über dieſen groben Ton. Der Kaiſer aber lachte und meinte im Weggehen: „Ich be-
15 kam da etwas zu hören, was ich nicht erwartete, näm-lich, daß man einen Mann bei ſeiner Arbeit nicht ſtören ſoll. Aber Sie ſehen, meine Herren, man kann immer etwas lernen."

Der Samstag Nachmittag

20 König Friedrich, der große Held,
Kam ſiegreich aus dem Kriegesfeld,
Und wenn er durch die Straßen ritt,
So liefen alle Kinder mit.

Sie ſtellten ſich wohl auf die Zeh'n,
25 Den lieben Vater Fritz zu ſeh'n,
Sie faßten ihn an Pferd und Rock;
Doch König Fritz erhob den Stock

Und sagte lächelnd: „Habet acht!
Daß ihr mein Pferd nicht böse macht!"
Doch einst ein wilder Knabenschwarm
Den Kopf ihm machte gar zu warm;

5   Da hat er böse drein geseh'n:
„Wollt ihr wohl gleich zur Schule gehn!"
Da sprach ein dicker Bube: „Ach,
Heut' ist ja Samstag Nachmittag!"

Der ganze Chor fiel jubelnd ein:
10   „Der alte Fritz will König sein
Und weiß nicht 'mal, daß dieser Frist
Des Samstags keine Schule ist!"

Karl Fröhlich.

26.

Das deutsche Reich und seine Verfassung

15   Während die deutschen Heere vor Paris lagen, fand
in der französischen Königsstadt Versailles ein wichtiges
Ereignis statt. Lange war es der heiße Wunsch des
deutschen Volkes gewesen, alle deutschen Länder wieder
in einem Reiche vereint zu sehen. Jetzt sollte dieser
20   Wunsch in Erfüllung gehen, und der greise König Wilhelm Kaiser des neuen Reiches werden.

Die deutschen Fürsten, Staatsmänner und Führer
des Heeres versammelten sich deshalb im Schloß zu
Versailles.

Nach einer einfachen kirchlichen Feier erklärte der
einundsiebzigjährige Herrscher Preußens, er nehme die
Kaiserkrone an und wolle allzeit Mehrer des Reiches
sein, nicht an kriegerischen Eroberungen, sondern an
5 den Gütern und Gaben des Friedens. Hierauf rief der
greise Großherzog von Baden: „Hoch lebe Kaiser Wilhelm!" Und die ganze Versammlung stimmte jubelnd
ein. So war die Hoffnung aller Patrioten erfüllt, und
seit dem 18. Januar 1871 gab es wieder ein deutsches
10 Reich.

In dem neuen deutschen Reiche ist die Kaiserwürde
erblich, und der König von Preußen ist immer auch
„Deutscher Kaiser". Außer dem Königreiche Preußen
gibt es in Deutschland noch die Königreiche Bayern,
15 Sachsen und Württemberg, sechs Großherzog-, fünf
Herzog- und sieben Fürstentümer, sowie drei freie
Städte und das Reichsland Elsaß-Lothringen.

Wie die Vereinigten Staaten, so ist das deutsche Reich
ein Bundesstaat und hat eine geschriebene Verfassung,
20 die von den Fürsten und Volksvertretern der 25 Staaten des Bundes ausgearbeitet wurde. Diese ist das
oberste Gesetz für den Kaiser, für die deutschen Fürsten
und das Volk. Der Kaiser kann die Verfassung ohne
den Willen der Fürsten und des Volkes nicht ändern,
25 er hat nicht einmal das Recht des Einspruches gegen ein
Reichsgesetz. Der Unterschied zwischen der deutschen
Regierungsform und der unsrigen liegt also hauptsächlich darin, daß bei uns der oberste Bundesbeamte alle
vier Jahre gewählt wird, während in Deutschland diese

Würde in der Familie der Hohenzollern erblich ist.
Für alle Regierungshandlungen des Kaisers und seiner
Minister ist der Kanzler des Reiches verantwortlich.
Dieser muß alle amtlichen Erlasse der kaiserlichen Regierung gegenzeichnen. Eine solche Form der Regierung ist für Deutschland ohne Zweifel besser als die
wechselnde Herrschaft einer Partei oder eines Partei-
führers. Nur ein starkes Oberhaupt an der Spitze eines
mächtigen Heeres konnte dem deutschen Reiche, das ohne
den Schutz natürlicher Grenzen in der Mitte zwischen
Rußland, Österreich und Frankreich gelegen ist, seit vier-
zig Jahren den Frieden bewahren und verhindern, daß
Deutschland wie früher das Schlachtfeld Europas und
der Schauplatz der Verheerung und Plünderung wurde.
Ohne seine Schutzgebiete ist Deutschland nicht ganz
so groß wie Texas, hat aber auf dem kleinen Gebiete
von weniger als 210,000 englischen Geviertmeilen eine
Bevölkerung von etwa 65 Millionen. Für diese sorgt
die Regierung durch friedliche Ausdehnung des Handels
und Verkehrs mit der Welt so gut, daß der Wohlstand
riesig gewachsen ist. Drei Fünftel der Bevölkerung
wohnt in den Großstädten, deren es über 40 mit mehr
als 100,000 Einwohnern gibt. Berlin mit seinen
nächsten Vororten ist in 30 Jahren von einer Million
auf über drei Millionen gewachsen. Heute beschäftigen
sich nur noch 30 Prozent der Bevölkerung mit Ackerbau,
halb so viel wie vor 50 Jahren.

Jeder einzelne deutsche Staat sendet einen oder mehrere Vertreter in die Hauptstadt des deutschen Reiches,

nach Berlin. Diese Vertreter der einzelnen Staaten
bilden den Bundesrat, welcher die politischen und wirt-
schaftlichen Fragen des Reiches bespricht und berät.
Der Bundesrat hat im ganzen 58 Mitglieder. Unter
diesen sind 17 Vertreter Preußens, das mit seinen zwölf
Provinzen größer ist als alle übrigen Bundesstaaten
zusammen. Die meisten Gesetzesvorschläge gehen vom
Bundesrat aus. Ohne Zustimmung desselben kann der
Kaiser keinen Krieg erklären.

Wie jeder Staat der Union in Amerika eine gesetz-
gebende Versammlung hat, so gibt es in jedem einzelnen
deutschen Staate einen Landtag. Das ganze deutsche
Volk wählt aber auch 397 Vertreter, welche sich in Berlin versammeln, und die man Reichstagsabgeordnete
nennt. Diese werden auf die Dauer von fünf Jahren
gewählt und bilden den Reichstag, der also dem Kon-
greß der Vereinigten Staaten in Washington ähnlich
ist und wie dieser Gesetze gibt und über die Einnahmen
und Ausgaben des Reiches bestimmt.

Wählen darf jeder Deutsche, der 25 Jahre alt ist.
Die Abstimmung ist geheim. Da die Einteilung der
Wahlbezirke seit 1871 dieselbe geblieben ist, so haben
die Städte nicht genug Vertreter. Die Parteien sind
zahlreich. Die größte Partei ist die der Sozialdemokra-
ten. Diese haben drei Millionen, fast ein Drittel aller
Stimmen.

Die Regierung, d. h. der Kaiser und seine Räte,
schlägt gewöhnlich neue Gesetze oder die Änderung
der alten Gesetze vor. Wie der Präsident der

Vereinigten Staaten ein Kabinet hat, so steht dem
Kaiser ein Ministerium zur Seite. Die Minister sind
die Berater des Herrschers und leiten die verschiedenen Zweige der Staatsverwaltung. Der Präsident
5 des Ministeriums, welcher auch die Regierung im
Reichstage vertritt, ist der Reichskanzler. Der erste
Kanzler des Reiches war Bismarck, der mehr als irgend
ein anderer Mann bei der Gründung des neuen deutschen Reiches geholfen hat.

10　　Wenn nun die Regierung ein Gesetz für nötig findet,
so legt der Reichskanzler das Gesetz dem Bundesrate
vor. Dieser prüft den Vorschlag, und wenn er damit
einverstanden ist, so geht der Vorschlag an den Reichstag. In der Sitzung des Reichstages wird der Vor-
15 schlag besprochen, und dann von einem Ausschuß von
Mitgliedern nochmals geprüft und manchmal geändert.
Hierauf wird er noch zweimal im Reichstag verlesen
und durch die Stimmen der Mitglieder entweder ver-
worfen oder angenommen. Im letzteren Falle wird der
20 Vorschlag zum zweiten Mal vom Bundesrate geprüft
und dann der Regierung übergeben. Hierauf setzt der
Kaiser und der Reichskanzler seinen Namen darunter,
der Vorschlag ist nun Gesetz, und das Ministerium hat
die Pflicht, dieses Gesetz zur Ausführung zu bringen.

25　　Der Kaiser hat das Reich zu schützen. Deshalb ist er
der oberste Befehlshaber des Heeres und der Flotte und
kann, wenn er dies für nötig hält, mit der Zustimmung
des Bundesrates Krieg erklären.

Jeder Deutsche muß Soldat werden, wenn er tauglich

ist. Er gehört sieben Jahre lang, in der Regel vom zwanzigsten bis zum achtundzwanzigsten Jahre, dem stehenden Heere an. Während der ersten zwei Jahre muß er ununterbrochen dienen, die letzten Jahre gehört er zur Reserve und hat dann nur von Zeit zu Zeit Übungen mitzumachen. Junge Leute, die eine höhere Erziehung genossen und eine Prüfung bestanden haben, brauchen nur ein Jahr zu dienen, verbleiben aber sechs Jahre in der Reserve. Man nennt sie Einjährig-Freiwillige. Wenn diese eine weitere Prüfung bestehen, so werden sie Reserveoffiziere. Alle deutschen Männer bis zum fünfundvierzigsten Jahre gehören zur Landwehr. Das stehende Heer hat etwas mehr als 614,000 Mann, die gesamte Kriegsstärke beträgt über fünf Millionen. Die Kosten für Heer und Flotte betragen für jeden Kopf der Bevölkerung in Deutschland nicht mehr als in den Vereinigten Staaten.

Der Reichstag bestimmt, was mit den Einnahmen des Reiches geschehen soll. Diese bestehen aus Beiträgen der einzelnen Staaten, aus Zöllen auf Waren, die in das Reich gelangen, aus Steuern, sowie aus den Einnahmen der Post und der Eisenbahnen, die dem Reiche oder den einzelnen Staaten gehören.

So hat die Regierung des deutschen Reiches manche Ähnlichkeit mit der Regierung der Vereinigten Staaten, ist aber doch auch wieder sehr verschieden. Denn in den Fragen des Staates wie in den Geschäften der einzelnen Menschen gilt wohl das Wort des Dichters: „Eines schickt sich nicht für alle."

Fragen

1. Von der Werft auf den Ozean
Seite 9—11

1. Wer war Alfred Strong? 2. Warum reiste er nach Deutschland? 3. Wer reiste mit ihm? 4. Zu welchem Zwecke (purpose) machte Doktor Walter die Reise? 5. Wann verließen sie den Hafen von New York? 6. Auf was für einem Dampfer fuhren sie? 7. Wie war die Kammer der beiden Freunde? 8. Was tat Alfred auf den Rat Doktor Walters? 9. Warum ging dieser in den Speisesaal?

2. Der erste Nachmittag auf dem Dampfer
Seite 11—15

1. Was sah Alfred auf den Tischen des Speisesaales? 2. Wer setzte sich neben Alfred? 3. Wer saß neben dem Arzt? 4. Wer nahm den Platz am Ende des Tisches? 5. Wie hieß der Offizier? 6. Was las nun Alfred? 7. Was gab es zum Mittagessen? 8. Was taten die Aufwärter? 9. Was erzählte der Greis an der Seite Alfreds? 10. Was sagte der Offizier von den deutschen Städten? 11. Warum kaufte Herr Hill Waren in Deutschland? 12. Von welchen deutschen Erfindungen sprach Doktor Walter? 13. Wie heißt der Erfinder des Buchdrucks? 14. Was sagte der Offizier nach dem Essen zu seinen Nachbarn?

3. Ein Erlebnis im Musikzimmer
Seite 15—16

1. An wen schrieb Alfred? 2. Wofür war er seiner Mutter dankbar? 3. Wessen Bekanntschaft machte er? 4. Was für Lieder begleitete er? 5. Wovon erzählte die Sängerin? 6. Warum wünschte Alfred nach Bayreuth zu reisen?

4. In der Kajüte eines Offiziers
Seite 17—21

1. Worüber war Alfred erstaunt? 2. Was für Lebensmittel waren in großer Menge auf dem Dampfer? 3. Was zeigten die zwei Bilder in der Kammer des Offiziers? 4. Was war die Hansa? 5. Welches sind die zwei größten Dampferlinien? 6. Was für einen Spitznamen hatte der Deutsche bei seinen Nachbarn? 7. Wie kam er dazu? 8. Was verstand man unter einem deutschen Michel? 9. Was für ein Geschichtchen erzählte der Schiffsarzt von Lessing? 10. Wer war Lessing? 11. Was wurde von Schiller erzählt? 12. Wer war Schiller?

5. Auf der Nordsee
Seite 21—23

1. Was für Wetter hatten die Reisenden bisher? 2. Wie war das Wetter in der Nähe Englands? 3. Was geschah am frühen Morgen? 4. Bei wem wechselten die Reisenden amerikanisches Geld für deutsches um? 5. Wie viel war der Dollar wert? 6. Wie viel beträgt der Unterschied der Zeit zwischen New York und Hamburg? 7. Was für ein Lied hörte Alfred? 8. Wie nannten die deutschen Sänger ihre Heimat?

6. Landung in Hamburg
Seite 23—27

1. Wo ging die Phönizia vor Anker? 2. Wohin wurden die Koffer gebracht? 3. Was fragten die Zollbeamten? 4. Wer trug das Handgepäck in die Eisenbahnwagen? 5. Was bekamen die Gepäckträger für diesen Dienst? 6. Wie waren die Eisenbahnwagen eingeteilt? 7. Was für eine Regierung hat Hamburg? 8. Wo gaben unsere Freunde ihre Reisetaschen ab? 9. Was erhielten sie dafür? 10. Was bestellten sie in dem Speisesaale des Bahnhofs? 11. Worüber unterhielten sie sich während des Essens? 12. Welche Klasse der deutschen Eisenbahn wird am meisten benutzt, und warum? 13. Wem gehören die Eisenbahnen? 14. Was findet man in allen deutschen Droschken?

7—8. Durch Hamburg und den Sachsenwald. Bismarck
Seite 28—33

1. Welche Flüsse fließen durch Hamburg? 2. Wie groß ist der Handel von Hamburg? 3. Wann kehrten die Reisenden an den Bahnhof zurück? 4. Wohin fuhr Herr Hill mit seiner Schwester? 5. Welchen Zug nahmen Dr. Walter und Alfred? 6. Wozu wollten sie den Nachmittag benutzen? 7. Wer war Bismarck? 8. Was hat er getan? 9. Was war sein Wahlspruch? 10. Wo war Bismarck als Vertreter Preußens? 11. In welcher Stadt hielt der deutsche Bundestag seine Sitzungen? 12. Durch welche List verhinderte Bismarck, daß seine Briefe von den Spähern Östreichs geöffnet wurden?

9. Durch Marsch und Heide
Seite 34—38

1. Wie heißt das deutsche Tiefland an der Nordsee?
2. Welcher Volksstamm wohnte dort seit alter Zeit?
3. Was für Menschen sind die Bauern der Marsch?
4. Wie heißt das unfruchtbare Land zwischen der Marsch und den Bergen? 5. Was für eine Erzählung las Dr. Walter seinem Freunde vor? 6. Warum blieb Wilhelm Rohde in der Heimat? 7. Was kauften sich die beiden Freunde am Bahnhof von Lehrte? 8. Wo blieben sie über Nacht?

10. Vom Harz zur Weser und zum Rhein.
Seite 39—44

1. Wie heißt der höchste Berg Norddeutschlands und wo liegt er? 2. Wodurch ist Westfalen bekannt?
3. Wo steht das Hermannsdenkmal und woran erinnert es? 4. Was beobachtete Alfred auf der Reise durch Westfalen? 5. Wovon erzählte der deutsche Chemiker, der mitfuhr? 6. Warum riet er ihnen, Elberfeld und Barmen zu besuchen? 7. Wer war der Gründer der Eisenwerke in Essen? 8. Wie wurde Alfred Krupp ein erfolgreicher Fabrikant? 9. Wodurch zeigte er sich als einen Freund seiner Arbeiter? 10. Welches ist sein Wahlspruch? 11. Wie sorgt der Staat in Deutschland für die Arbeiter? 12. Wodurch ist die Stadt Düsseldorf bekannt?

11. In Köln
Seite 45—49

1. Was ist in Köln sehenswert? 2. Welchen Eindruck machten die Soldaten? 3. Woraus besteht das Früh-

stück in Deutschland gewöhnlich? 4. Worin unterscheidet sich die deutsche Sitte des Grüßens von der amerikanischen? 5. Wie sagt man oft beim Aufstehen von der Tafel? 6. Wie wird die Fastnachtzeit in Köln gefeiert?

12. Auf dem Rhein
Seite 49—57

1. Welche Reize hat der Rhein? 2. An welche Sage erinnert der Drachenfels? 3. Wodurch ist die Stadt Bonn bekannt? 4. Woran erkennt man Corpsstudenten? 5. Was erzählt die Sage von der Burg Rolandseck? 6. Was wissen Sie von der Lorelei? 7. Wer hat das schöne Lied von der Lorelei gedichtet? 8. Wo wurde das Nationaldenkmal zum Andenken an die Gründung des neuen deutschen Reiches errichtet? 9. Welche Städte sahen die Reisenden am Rhein und wo blieben sie über Nacht?

13. In Frankfurt am Main
Seite 59—63

1. Wohin fuhren die beiden Freunde nach ihrer Ankunft in Frankfurt? 2. Wer hat die Stadt gegründet? 3. Was für ein Fest wurde gerade im Elternhause Doktor Walters gefeiert? 4. Was für eine Einrichtung besteht auf der Trambahn in deutschen Städten? 5. Was ist der Römer in Frankfurt? 6. Welcher große Dichter wurde in Frankfurt geboren? 7. Was erzählte Fräulein Walter aus der Jugend Goethes, als sie Herrn Strong das Geburtshaus des Dichters zeigte? 8. Wie verlebte Alfred den Nachmittag und Abend dieses Tages?

14. Durch die Pfalz
Seite 63—68

1. Wo liegt die Pfalz? 2. Wie heißt das Gebirge, an dem sie entlang fuhren, und nach welchem alten Gotte ist es genannt? 3. Was erzählte Fräulein Walter von der Stadt Worms am Rhein? 4. Welches ist das schönste Denkmal der deutschen Baukunst des sechzehnten Jahrhunderts? 5. Welches ist die beste Dichtung Scheffels, und was für ein Lied aus dieser Dichtung wurde bei der Ankunft in Heidelberg von früheren Studenten gesungen? 6. Wann wurde die Universität in Heidelberg gegründet? 7. Wann wurden Schloß und Stadt zerstört? 8. Wo liegt Mannheim, und welches ist die Bedeutung dieser Stadt? 9. Wer erwartete Doktor Walter und dessen Begleiter am Bahnhofe in Karlsruhe?

15. In Baden-Baden
Seite 70—76

1. Welchen Ausflug machte Alfred mit Dr. Walters Vetter, Fritz Ort, von Karlsruhe aus? 2. Was bemerkte Fritz über die Handwerksburschen, die auf der Straße dahingingen? 3. Was fiel Alfred auf, als er die Landleute bei der Kartoffelernte beobachtete? 4. Worin unterscheiden sich die Süddeutschen von den Norddeutschen? 5. Welchen Charakter haben die Rheinländer? 6. Warum wird Baden-Baden von Fremden viel besucht? 7. Wann haben Fremde Zutritt zum Schlosse? 8. Was für ein Erlebnis hatte Alfred dort, während Fritz in der Stadt einen Besuch machte? 9. Was sagte der Führer Alfreds, als dieser zum Danke ein Trinkgeld anbot? 10. Worüber war Fritz erstaunt, als er in den

Schloßhof kam, und worüber klärte er Alfred auf?
11. Was für eine Gesellschaft trafen sie auf dem Heim-
wege? 12. Was sammeln die Schüler auf ihren Aus-
flügen?

16. Ein Ausflug in den Schwarzwald
Seite 78—83

1. Von welcher Stadt aus fuhren unsere Freunde in
·den Schwarzwald? 2. Warum hat das Gebirge diesen
Namen? 3. Was bemerkten sie auf ihrer Wanderung
durch den Wald? 4. Was für ein Lied hörten sie aus
der Ferne? 5. Warum haben die Deutschen den Wald
so gern? 6. Wie viel Land ist in Deutschland noch mit
Wald bedeckt? 7. Welchen Nutzen zieht Deutschland
jährlich aus seinen Wäldern? 8. Was macht das Wandern durch den deutschen Wald so angenehm? 9. Wie
sehen die Schwarzwaldhäuser aus? 10. Was für ein
seltsamer Anblick erregte Alfreds Aufmerksamkeit?
11. Wie war die Tracht der Männer und Frauen?
12. Was für Eigenschaften haben die Bewohner des
Schwarzwaldes? 13. Woran erkennt man ihre Frömmigkeit? 14. Durch welche Beschäftigungen verdienen
viele Leute dort ihr Brot?

17. Durch Schwaben
Seite 85—87

1. Welchen Berg bestiegen sie auf der schwäbischen
Hochebene? 2. Was sahen sie von hier aus? 3. Wodurch ist der Hohentwiel so bekannt geworden? 4. Welches geschichtliche Ereignis fand in Konstanz statt?
5. An welchem See liegt diese Stadt? 6. Wohin fuhren

fie zunächst? 7. Woburch war Augsburg im Mittelalter
berühmt? 8. Welche Gewerbe blühten dort? 9. Wer
waren die reichsten Bürger der Stadt? 10. Was für
eine Stiftung machten die Fugger für die Armen?
11. Wo hatten die Welser früher große Besitzungen?
12. Welcher Krieg vernichtete den Wohlstand der Stadt?

18. In der bayrischen Hauptstadt
Seite 89—103

1. Warum freute sich Dr. Walter, München zu sehen?
2. Was ist eine Litfaßsäule? 3. Was für Unterhaltun-
gen waren dort angezeigt? 4. Wohin entschlossen sie
sich am Abend zu gehen? 5. Wer traf sie zufällig?
6. Wohin gingen sie vor Beginn des Theaters? 7. Was
für ein Erlebnis hatten sie im Ratskeller? 8. Durch
welche Gebräuche unterscheiden sich die deutschen Theater
von den amerikanischen? 9. Was für ein Stück wurde
im Gärtnertheater gegeben? 10. Welches ist die Handlung des Stückes? 11. Was wurde nach dem Schauspiel auf der Bühne noch dargestellt? 12. Was ertönte
am Schluß des ersten Liedes? 13. Auf welchem Instrument wurde die Begleitung gespielt? 14 Welcher
berühmte Held wurde in einem Liede gefeiert? 15. Wie
schilderte ein anderes Lied die bayrischen Burschen?
16. Was für einen Nationaltanz bekamen die Zu-
schauer zu sehen? 17. Wer zeigte den Reisegefährten
den Weg nach ihrem Gasthofe? 18. Warum fand Alfred das Benehmen ihres Führers so merkwürdig?
19. Wohin gingen Dr. Walter und Alfred vor ihrer
Abreise von München? 20. Unter welcher Aufschrift
ließen sie sich ihre Briefe senden? 21. Von wem erhielt

Alfred einen Brief? 22. Was schrieb Frl. Hill von
ihrem Aufenthalte in Jena? 23. Woraus besteht ein
deutsches Frühstück? 24. Wie brachte Frl. Hill die
Nachmittage gewöhnlich zu? 25. Was ist ein Backfisch?
26. Was bedeuten die Buchstaben U. A. w. g. auf einer
Einladung? 27. Was für Beispiele von Münchner Humor hörte Alfred erzählen?

19. In Nürnberg
Seite 105—110

1. Was erblickten die Reisenden, als sie sich der Stadt
Nürnberg näherten? 2. Wie sind die alten Häuser gebaut? 3. Was macht die Stadt so malerisch? 4. Wer
war Hans Sachs? 5. Was für Lieder sangen die Meistersinger? 6. Wer hat die Meistersinger von Nürnberg
am besten dargestellt? 7. Wer war der berühmteste
Bürger Nürnbergs und größte deutsche Maler?
8. Was malte er? 9. Welche Geschichte beweist, wie hoch
er geehrt wurde? 10. Welcher berühmte Graf wohnte
einst auf der Burg? 11. Durch welche Gewerbe ist
Nürnberg heute am meisten bekannt? 12. Was für
ein berühmtes Museum ist dort zu sehen?

20. Auf der Wartburg
Seite 110—114

1. Wo liegt die Wartburg? 2. Wann fand dort der
berühmte Sängerkrieg statt? 3. Welche Minnesänger
nahmen daran teil, und wovon sangen sie? 4. Was
erzählt die Sage von der heiligen Elisabeth? 5. Welches große Werk wurde zur Zeit der Reformation dort

geschrieben und von wem? 6. Was für eine große Bedeutung hat dieses Werk für die deutsche Sprache und
das deutsche Volk?

21. Im Herzen Deutschlands
Seite 114—123

1. Was versteht man unter Thüringen? 2. Wo hatte
Fröbel den ersten Kindergarten gegründet? 3. Wodurch wurde Weimar so berühmt? 4. Welche Dichter
lebten dort? 5. Wie heißt die benachbarte Universitätsstadt? 6. Was für ein berühmtes Denkmal steht in
Weimar? 7. Wie heißt das Lied, das Goethe auf einem
benachbarten Berg dichtete? 8. Was für Gewerbe
blühen in Thüringen? 9. Was für Eigenschaften haben
die Bewohner Thüringens? 10. Was für Volksfeste
sind dort beliebt? 11. Wie wird die Kirchweihe gefeiert? 12. Was erzählt die Sage vom Kyffhäuser?
13. Was für ein Denkmal steht jetzt auf jenem Berge?
14. Warum nennt man Thüringen das Herz Deutschlands? 15. Welche Sehenswürdigkeiten besichtigten
unsere Freunde in Leipzig? 16. Was für eine Bedeutung hatte Leipzig früher? 17. Welche Zweige des
Handels sind heute in Leipzig am bedeutendsten?
18. Wie heißt die Hauptstadt des Königsreichs Sachsen?
19. Wer war Barbarossa? 20. Wie heißt die berühmteste Ballade Goethes und wer hat sie in Musik gesetzt?

22. In Berliner Läden
Seite 124—128

1. Wo nahm Alfred in Berlin Wohnung und was
zahlte er monatlich für die Pension? 2. Wie erhielt er
diese Adresse? 3. Wessen Besuch empfing er bald nach

seiner Ankunft? 4. Wohin gingen sie zusammen? 5. Welchen Eindruck machten die Läden? 6. Was beobachteten sie in dem Kaufhause und in dem Kroll'schen Garten?

23.   Ein Gang durch Berlin
Seite 129—136

1. Wo begannen sie ihre Wanderung? 2. Was ist „Unter den Linden"? 3. Was für ein Fluß fließt durch Berlin? 4. Wie nennen die Berliner die Schloßbrücke im Scherz? 5. Welcher Künstler schuf das Denkmal Kaiser Wilhelms und was für einen Witz machten die Berliner darüber? 6. Was teilte Dr. Walter über den Verkehr zu Wasser mit? 7. Welchen großen Park besuchten sie am zweiten Tage? 8. Von wo aus genossen sie eine weite Aussicht, und was für benachbarte Orte sahen sie von dort? 9. Was fiel ihnen besonders beim Gang durch die Straßen auf?

24.   Von der Polizei
Seite 136—139

1. Warum mußte Alfred auf die Polizei? 2. Aus welchem Grunde müssen alle Männer sich bei jedem Wechsel des Wohnortes auf der Polizei anmelden? 3. Was für eine Einladung verdankte Alfred der Tatsache, daß sich die Polizei um alles kümmert? 4. In welche Schule trat er nach bestandener Prüfung ein?

25.   Geschichten von den Hohenzollern und Berliner Witz
Seite 140—147

1. Welche Höflichkeit erwies Friedrich der Große dem General Washington? 2. Wie bestrafte der alte Fritz

den Undank eines Offiziers? 3. Wie gewann ein Berliner Kandidat die Gunst des Königs? 4. Was für
einen Witz machten die Berliner über das Bismarck-
denkmal vor dem Reichstage? 5. Was fragte der Oberst
den Einjährig-Freiwilligen, und was antwortete dieser?
6. Wie zeigte ein Berliner Student seinen Witz?
7. Welches Geschichtchen beweist die Herzensgüte Kaiser
Wilhelms des Ersten? 8. Was für eine Geschichte wird
von Kaiser Wilhelm dem Zweiten erzählt?

26. Das deutsche Reich und seine Verfassung
Seite 148—153

1. Wo fand die Wahl des ersten deutschen Kaisers
statt? 2. Wer wurde gewählt? 3. Was versprach der
neue Kaiser? 4. Seit wann gab es wieder ein deutsches
Reich? 5. Worin gleicht das deutsche Reich den Vereinigten Staaten? 6. Wieviele Bundesstaaten gibt es in
Deutschland, wieviele Königreiche? 7. Wie heißt die
Hauptstadt des deutschen Reiches? 8. Wie ist die Macht
des Kaisers beschränkt? 9. Wer ist verantwortlich für
die Regierungshandlungen des Kaisers und seiner Minister? 10. Warum muß Deutschland ein mächtiges
Heer unterhalten? 11. Wie groß ist Deutschland, und
wie groß die Zahl seiner Bevölkerung? 12. Wie groß
ist der Teil der Bevölkerung, der sich mit Ackerbau beschäftigt? 13. Wieviele Mitglieder hat der Bundesrat?
14. Wie groß ist Preußen und wieviele Vertreter hat
es im Bundesrat? 15. Wieviele Vertreter wählt das
Volk in den Reichstag? 16. Welches ist die größte Partei? 17. Warum haben die Städte nicht genug Vertreter? 18. Wie werden die Gesetze gemacht? 19. Wer

war der erste Kanzler des Reiches? 20. Wie lange muß
jeder Deutsche im Heere dienen? 21. Was sind Einjährig-Freiwillige? 22. Wie groß ist das Heer?
23. Wer bestimmt über die Einnahmen und Ausgaben
des Reiches? 24. Welcher Unterschied ist zwischen der
Regierung des deutschen Reiches und der Regierung
der Vereinigten Staaten?

NOTES

2. **Hamburger**: adjectives ending in –er and derived from geographical names are invariable.

5. **Bai = Bucht.** — **dem Ozean zu = nach dem Ozean zu;** zu here denotes direction towards.

6. **Fahrgäste = Paſſagiere.**

10. **in den beſten Jahren**: *in the prime of life.*

11. **war Arzt**: the article is omitted before predicate nouns denoting occupation or rank.

12. **wollte**: wollen denotes intention.

18. **die deutſchen Lande = Deutſchland; Lande,** an old plural form for **Länder,** is used especially to denote lands that form a political unit. — **kreuz und quer = kreuzweiſe, in allen Richtungen**: *in every direction.*

19. **ſollte**: *was to.* — **um...zu:** clause of purpose; the infinitive with zu follows its modifiers.

22. **lachte = lächelte.**

1. **anziehend = intereſſant.**

4. **das Standbild = die Statue.**

7. **das Landhaus = die Villa.** — **das Feſtungswerk = das Fort.**

9. **man**: the indefinite pronoun man with the active voice of the verb is often equivalent to the English passive voice. —**hielt an**: from anhalten, *stopped.*

18. **wollen wir = laßt uns.**

20. **ausgepackt**: *unpacked.*

24. **angebracht**: from anbringen, *attached to.*

26. **allein = aber.**

4. **ſchon = ſicherlich**: used idiomatically, to reassure or to set at ease.

9. **Es wird...ſchellen**: *the bell will ring.*

14. **zog...an**: from anziehen, *put on.*

16. **wollte gerade**: *was just going* or *about to.*

19. **Mundtücher**: formerly the word **Serviette** was commonly used.

25. **namens = mit Namen.**

167

Page 12

2. **war...bekannt geworden**: predicate adjectives stand after their modifiers, but precede participles and infinitives.

5. **Es gab**: impers. verb with acc., *it (some unknown power) gave or caused to exist, there was.*

14. **die Platte = die Schüssel.**

18. **Dies**: the introductory pronoun used as subject of a sentence and referring to a predicate noun, is neuter singular; the verb agrees in number with the predicate noun. — **nicht wahr?**: question indicating the expectation of an affirmative answer, *is it not?*

19. **Jawohl = Ja.**

29. **wurde ich Schiffsjunge**: see p. 9, n. 11.

Page 13

11. **Mit der Zeit**: *in the course of time.*

12. **Gut = Landgut.**

13. **ging mir's = ging es mir**: *it fared with me, I was getting on.*

19. **Vor allem**: *above all.*

20. **zugenommen**: from **zunehmen**, *increased.*

21. **Kriege**: the most disastrous of all was the Thirty Years' War (1618-1648) which had reduced the population of Germany from 18 to 5 millions.

Page 14

1. **mit eigenen = mit meinen eigenen.**

9. **Gewerbe = Industrie.**

12. **stellt...her**: *manufactures.*

20. **eben = gerade, in diesem Augenblick.**

22. **gäbe = würde geben.**

Page 15

5. **rief...zu**: *called out to...*

6. **Mahlzeit! = Gesegnete Mahlzeit!** (Originally: **Ich wünsche Ihnen eine gesegnete Mahlzeit!**). This salutation is not only used at the mealtime or after dinner, but may be commonly heard as a greeting on the street.

21. **zuging**: from **zugehen**, *happened.*

24. **Im Nu = in einem Augenblick.**

Page 16

17. **Militärkapelle = Militär-Orchester, Militärmusikbande.**

Page 17

10. **teilte...mit**: *informed.*

20. **Lad...ein:** see einladen.
21. **ließ...kommen = bestellte.**

Page 18

12. **Hansa** *or* **Hanse:** old German word, meaning **Bund.**
20. **Stahlhof:** Henry III, in 1259, conferred important privileges on the Hanse merchants who settled at the "steelyard" on the bank of the river Thames.
26. **Norddeutsche Lloyd:** a steamship company of Bremen.

Page 19

11. **Es freut mich:** *I am glad.*
12. **Landwirt = Farmer.**
13. **hätte...gehalten = würde...gehalten haben.**

Page 20

23. **Lessing:** he was the creator of the German drama, a great critic, and an advocate of religious tolerance. His *Minna von Barnhelm* which appeared in 1767, is the first comedy which depicts German life and German character.

Page 21

1. **Schiller:** (1759-1805) is the greatest German dramatist and the most popular poet of Germany.
9. **sind:** the present tense is used in German for the perfect, when the action began in the past and continues at the present time.
11. **mit einem Male:** *all at once.*
21. **voll = voll von.**
22. **sei:** the subjunctive is used in dependent questions, when narrated indirectly.
24. **von oben bis unten = von Kopf bis zu Fuß:** *from top to bottom.*

Page 22

2. **Zum Glück:** *fortunately.*
15. **wechselten...um:** *exchanged.*
20. **New Yorker:** see p. 9, n. 2.

Page 23

14. **ging...vor Anker = ankerte:** *cast anchor.*
24. **ja** gives emphasis; here it is unstressed; *why!*

Page 24

29. **nahmen Platz:** *took seats.*

Page 26

8. **gaben...ab:** *deposited, checked.*
11. **Erfrischungsraum = Restaurant, Restauration.**
18. **Hamburger Steak:** a meat ball of chopped raw beef, seasoned, and cooked by frying.

19. **ließ sich...geben = bestellte sich**: the active infinitive of a transitive verb dependent upon the causative verb **lassen** must often be translated by the passive in English.

20. **Kalbskotelett = Kalbsrippchen**.

Page 27

18. **Droschke = Mietwagen, Mietskutsche**.

Page 28

5. **Lustgang = Spazierweg, Allee**.

18. **legen...an**: *make fast*.

Page 29

14. **ältere = mehr alt als jung, ältlich, ziemlich alt. — wohl = wahrscheinlich**.

22. **Entlassung**: Bismarck, the first Chancellor of the German Empire, resigned on March 20, 1890. He died in Friedrichsruh July 30, 1898, at the age of eighty-three years.

Page 32

21. **Bundestag**: after the fall of Napoleon in 1815, 39 German states formed a federation which took the place of the old Roman Empire of the German Nation, which had ceased to exist since 1806. The affairs of this German Federation were managed by a Federal Diet which convened at Frankfurt and in which Austria presided. — **eines Tages**: adverbial genitive. Indefinite time is expressed by the genitive case.

Page 33

14. **Aufschrift = Adresse**.

19. **Bitte**: *don't mention it.* — **gern geschehen**: *you are welcome.*

27. **Lazarett**: military term for **Krankenhaus, Hospital**.

Page 34

1. **wünsche**: subjunctive of indirect discourse.

2. **Kreuz**: the order of the iron cross was founded by king Friedrich Wilhelm III in honor of the memory of Queen Louise at the beginning of the war of liberation, March 10, 1813. It is bestowed for bravery on the battlefield.

Page 35

7. **Erika = Heideblume**; botanical name of a heath shrub.

12. **niedersächsisch**: the German tribe of the Low Saxons occupied the plain of North Germany between the Harz and the North Sea, from the Elbe to the Rhine.

29. **Es wurde kein Lachen laut = Kein Lachen wurde gehört.**

Page 36

3. fuhr = ging: *passed.*
19. der Welt Lauf = der Lauf der Welt.
27. mit = im Alter von.
28. Jürgen = Georg.

Page 37

2. ja = wie du weißt.
3. schnürte die Kehle zu: *was choked with emotion.*
7. Erst: superlative of ehe = ehestens. When limiting an expression of quantity, it is used for: noch nicht mehr als; when limiting an expression of time, it equals: nicht eher als, nicht früher als.

Page 38

3. Frenssen (born 1863): his novel *Jörn Uhl* (1901) was extraordinarily popular.
6. umsteigen *or* umgestiegen: the exclamatory infinitive and perfect participle are frequently used in German instead of the English imperative.
8. Kaffee gefällig? = ist Ihnen Kaffee gefällig?: *Can I serve you coffee? Do you wish coffee?*
11. es for die Reise or der Weg.
19. seh' = sehe: subjunctive used to express a wish, request or command. — mir: ethical dative, which can hardly be expressed in English; it indicates the interest taken by the person speaking or spoken to. — eins: the neuter is used as collective form for einer and eine = jemand. The verse may be translated according to the following version:
Nun wünschte ich, daß jemand das Unkraut ansehe!
26. Die = die Blumen. — liebe = gute.

Page 39

11. Pumpernickel: a bread of coarse, unbolted rye.

Page 40

4. n. Chr. = nach Christus.
8. fiel...auf: *astonished.*
25. Bitte sehr = ich bitte, sprechen Sie nicht davon. It is used to decline thanks.
28. Ja = in der Tat. It expresses surprise.

Page 42

13. Maschinenbauer = Maschinentechniker, Ingenieur.

Page 43

9. fuhr fort: *continued.*

Page 44

26. Heine (1799-1856), a great lyric poet.

Page 45

11. teilte...mit: *told*.

Page 48

3. Zuckerbäckerei = Konditorei.

27. war...zu haben: with sein the infinitive has always a passive sense.

Page 49

1. Fastnachtszeit: Shrovetide, commonly including the three days preceding Lent, is observed in Roman Catholic districts as a period of festival and gayety and is marked by street revelry, masking and pageants.

18. Reben = im Vergleich mit.

19. kam...vor: *appeared*.

21. steht...nach: *is inferior to*.

Page 50

17. legte...an: see p. 28, n. 18.

19. Beethoven: Ludwig von Beethoven (1770-1827), a great musical composer.

23. d. h. = das heißt: *i. e.* — Korps, French *corps*: pronounce Kor.

Page 52

4. Nonnenwert = Nonneninsel.

9. Karl = Karl der Große, Charlemagne (742-814).

Page 53

7. die Seinen = seine Angehörigen, seine Familie.

10. ließ sich...aufnehmen: with lassen the infinitive has often the passive sense.

Page 55

20. was soll es bedeuten = was es bedeuten soll; woher es kommt.

23. kommt...Sinn = will mir nicht aus dem Sinn gehen.

Page 56

6. dabei = zu gleicher Zeit.

10. es refers to Lied.

Page 57

7. Niederwalddenkmal: the heights along this part of the Rhine are called Niederwald.

Page 58

18. kunnt = konnte.

28. **Ludwig Uhland** (1787-1862), next to Schiller the most popular German poet.

Page 59

5. **wurde zu Wasser = wurde zunichte:** *came to nothing.*
26. **ich käme = daß ich...käme,** subjunctive of indirect discourse.

Page 60

13. **J. W. Goethe** (1749-1832), the greatest German poet.

Page 62

1. **sei:** indirect subjunctive.
13. **Flügeltüre = doppelte Türe.**
27. **zum besten geben:** *to treat.*

Page 63

7. **man von ihnen sage:** use in English the passive voice of *say* with personal subject.
9. **sehen lassen = zeigen.**
20. **Pfalz,** from Latin *palatium,* palace: the residence and the land ruled over by a count possessing certain prerogatives of royalty; here, the Rhenish Palatinate, an electorate of the Holy Roman Empire, now divided chiefly among Bavaria, Hesse, and Baden.
26. **sagenreich = reich an Sagen.**

Page 64

4. **uralt = sehr alt.**
8. **Nibelungen:** the Nibelungen were a supernatural race guarding a treasure that was wrested from them by Siegfried, the hero of the German national epic. Siegfried and his followers were then called Nibelungen, and after his death the name fell to his slayers, the Burgundians, who then possessed the hoard.
29. **Scheffels:** this lyrical epic of Joseph Victor von Scheffel (1826-86) is the most successful piece of verse published in Germany during the 19th century, and a fine example of the peculiar flavor of German humor. — **Säckingen:** an old town on the Rhine, at the foot of the Black Forest.

Page 65

5. **Freiherr = Baron.**
7. **ältesten:** the university of Heidelberg was founded in 1386 by Count Ruprecht of the Palatinate.
8. **Musenstadt = Stadt der Musen:** Ort, wo die Künste und Wissenschaften der Musen blühen.

10. **Heidelberg:** formerly the capital of the Palatinate, belongs now to the Grand Duchy of Baden.

20. **schwer = reich.**

22. **drein = darein, hinein.**

23. **lind = mild.**

Page 66

4. **traut = lieb.**

6. **wird mir's drauß zu kahl = wenn mir das Leben braußen in der Welt zu kahl (traurig) wird.**

10. **zum „Ritter":** the old houses had decorations or signs by which they were known.

Page 68

6. **Karlsruhe:** the capital of the Grand Duchy of Baden.

Page 69

5. **Worms:** the scene is at the diet at Worms, 1495, at which Eberhard was made duke of Württemberg by Emperor Maximilian. He founded the University of Tübingen.

11. **Kurfürst:** from **küren,** *elect*; cognate "choose."

15. **zu = in or von.**

16. **Schaffen = machen.**

17. **steht nach:** *stands behind* or *second to.*

21. **silberschwer = reich an Silber.**

23. **noch:** concessive, *ever.*

25. **in = in den.**

Page 70

3. **Graf im Bart = bärtiger Graf.**

4. **Edelstein:** when used collectively in the singular it refers to the loyalty of his subjects.

14. **Wanderlied:** a popular song, last stanza of E. Geibel's poem *Wanderschaft.*

Page 72

6. **hält...ab:** *holds, celebrates.*

10. **nehmen...teil:** *take part.*

Page 73

25. **Alfred:** dative with **schlug vor.**

Page 74

8. **sehen:** for **gesehen.** The prefix **ge** of the **participle is** omitted when another infinitive precedes.

Page 75

3. **frisch = munter, ohne Zaudern.**

9. **fiel...ein:** *occurred.*

Page 76

4. **gar** = **sehr**.

7. **traten...an:** *set out.*

Page 77

4. **zum besten geben:** *tell for the enjoyment of all.*

13. **Schlagbaum:** the barrier across the city gateway, where toll was collected.

20. **Schätzel:** popular diminutive of **Schatz**, *sweetheart.*

Page 78

3. **Wie...auch:** see **wie**.

4. **gleich** = **sogleich**.

Page 79

19. **Lied:** Joseph von Eichendorff is the poet of this song: *Des Jägers Abschied.*

27. **Weise** = **Melodie**.

Page 80

8. **Wälder:** The forests of Germany produce every year lumber and fire wood valued at 600 millions of marks. About two fifths of the forest land belongs to the state, one fifth to the communities. Every acre of woodland yields to the state, in Germany, a yearly average profit of 16 marks; in the United States, however, as yet not quite one cent.

Page 83

7. **gewandt** = **praktisch**.

13. **Herrgottswinkel** = **Winkel oder Ecke, wo ein Bild des Herrgotts hängt.**

24. **Revier** = **Jagdgrund, Waldbistrikt.**

26. **sonder Zier** = **ohne Schmuck.**

Page 84

22. **Schäfers Sonntagslied:** the musical setting of this song by C. Kreutzer is a favorite work for male choruses.

23. **Das** embodies the entire impression which the solitude, the peal of the single bell, and the silence produce.

Page 85

3. **Als knieten viele** = **Als ob viele knieten.**

7. **als wollt' er** = **als ob er wollte.**

Page 88

10. **Burggraf:** Frederick was burgrave or governor of Nuremberg.

Page 89

2. **geht...auf:** *swells with joy.*

10. **Edelweiß:** a flower growing only on high summits of the Alps.

Page 92

1. Litfaßsäule = Anschlagsäule; named after its inventor.

2. los ist = im Gang ist, vorgeht: *is going on.*

24. Volksstück: a play in which national types appear.

25. Schuhplattler: a dance peculiar to the Bavarian Alps.

28. gehen wir = laßt uns gehen.

Page 93

7. Alle Wetter! an exclamation of surprise; *who would have thought it!*

Page 94

22. Lorle: abbreviation for Lenore.

Page 95

14. folgende: the article is omitted before this word.

16. Lindenwirt = Wirt des Gasthofs zur Linde.

17. Quartier = Wohnung.

19. Modell sitzt = als Modell dient.

Page 96

1. gibt...nach: *yields.*

8. Hochdeutsch: High German is the language taught in school and spoken by the educated classes.

Page 97

15. Jodler *or* Jodel: a warbling song or refrain, sung to meaningless syllables, in which the performer changes quickly from the chest tone to the head tone and back; a form of music common among Swiss and Tyrolese herdsmen.

Page 98

25. zu denken: the infinitive used after sein has a passive meaning.

Page 101

6. U. A. w. g.: these letters are an abbreviation of „Um Antwort wird gebeten," and equivalent to R. S. V. P.

7. Kaffeekränzchen = Kaffeegesellschaft. Kränzchen is a small circle or club, in which each member in turn acts as host, or the meeting of such a club.

12. gar = sehr.

18. gar nicht = durchaus nicht: *not at all.*

Page 103

13. Andreas Hofer: in 1809 the sturdy peasants of the Tyrol, loyal to the Austrian Emperor, set up a revolution in order to free themselves from allegiance to Bavaria, to which country they had been annexed by Napoleon. Their

leader, Andreas Hofer, was captured by the French and taken to Mantua, a fortress in northern Italy, where he was shot.

Page 104

6. **Reich**: the "Holy Roman Empire of the German Nation" dated from the coronation of Charlemagne in 800. Beginning with 1273, the imperial office was in the possession of the Austrian house of Hapsburg. Napoleon abolished it in 1806.

8. **Tambour = Trommler**; dative of reference.

9. **vor = hervorkommen**.

16. **nit**: dialectic form for **nicht**.

Page 112

1. **Gedichte**: in *Des Sängers Fluch*.

3. **Lenz = Frühling**.

Page 117

11. **gewohnt**: **hatten** is understood.

12. **gegangen**: **waren** is understood.

16. **Lied**: of the translations of *Wanderers Nachtlied* none is better than Longfellow's; this perfect poem has been set to music by Schubert and Schumann.

17. **Gipfel = Bergspitze**.

19. **Wipfel = Baumspitze**.

Page 118

3. **Glashütten = Glaswerke**.

15. **bleibt...aus**: *fails*.

21. **auch = in der Tat**.

Page 119

1. **geht es hoch her**: *they are having a good time*.

4. **tun stolz**: *boast*.

20. **Kirchweihe**: originally the anniversary of the dedication of a church.

Page 121

21. **Erlkönig = König der Elfen**. The magnificent musical composition by Schubert is a worthy setting of this popular ballad. The varied dialogue between father and son, and the latter and the king of the elves imparts to this ballad a dramatic character.

24. **wohl = wohl verwahrt, sicher**: *securely*.

26. **was = warum**.

Page 122

1. **Schweif = Schleppe des Kleides**.

4. **Gar = sehr**.

6. gülben = golben.
13. Reihn = Reihen, Tanz.
14. ein = in ben Schlaf.
22. Leib(e)s = Leib.
24. in = in ben.

Page 126
22. Schauspielhaus = Theater. — Schutzmann = Polizist, Polizeidiener.
23. Kaufhaus = Warenhaus.

Page 127
12. Glanzhandschuhe = Glacéhandschuhe.
13. bemühen Sie sich gütigst nach = seien Sie so gütig nach ... zu gehen.
21. handeln: *bargain.*

Page 128
3. ja (emphatic) = jebenfalls, sicher: *by all means.*
6. macht nichts: *does not matter.*
23. Prosit! = Möge es (Ihnen) zum Wohle gereichen! or Auf Ihr Wohl!: *May it benefit (you)! Your good health!*
24. Ihr Wohl = ich trinke auf Ihr Wohl.

Page 129
13. Brandenburger Tor: the Brandenburg Gate, named after the Prussian province and former electorate of Brandenburg, is an imitation of the Propylaea at Athens.

Page 130
9. Schriftstück = Manuskript.

Page 131
5. Wache: *guard,* soldiers parading to go on guard duty.
12. Spree: a river connected with the Oder by a canal and joining the Havel, a tributary of the Elbe, at Spandau, threads Berlin in several arms.
20. mehr: the comparative is formed by means of an adverb instead of the usual inflection when two qualities are compared in the same subject.
23. Menagerie = Tierhaus, Tiersammlung.

Page 133
12. großen Kurfürsten: Frederick William (1620-1688), elector of Brandenburg, is usually called the "Great Elector," because he increased enormously the area, power and material prosperity of Brandenburg-Prussia.
15. vornehme Welt = Aristokratie.
25. Wasserstraßen: in the last twenty years alone Germany has spent $150,000,000 in canals on which the freight

rates are so much lower than on railroads that the business
men of Germany save one hundred and sixty million
dollars a year.

Page 134

2. **Ruheplatz** = **Ruhebank**: *resting place*. — fehlt es nicht
= ist kein Mangel.

9. **Potsdam**: the administrative capital of the Prussian
province of Brandenburg, and one of the principal resi-
dences of the German Emperor, beautifully situated on the
river Havel, 16 miles S.W. of Berlin.

10. **Sanssouci**: the "German Versailles," the favorite residence of Frederick the Great who laid out a beautiful park
around the palace.

11. **Mausoleum**: a tomb in form of a sepulchral chapel,
the term originating with the magnificent monument erected
in memory of Mausolus, a Persian satrap and ruler of
Caria. The Mausoleum, erected in the grounds of the
Schloss of Charlottenburg, a western suburb of Berlin,
contains beautiful white marble recumbent statues of Frederick William III and his queen Louise by the famous
sculptor Rauch.

12. **Königin Luise**: Queen Louise (1776-1810) is one of
the noblest women of history, wife of Frederick William III
of Prussia, and mother of Emperor William I.

Page 136

13. **bekomme ja** (emphatic) **keinen Schrecken!** = bitte, er-
schrick nur nicht!

23. **Kriegsheer** = **Armee**.

Page 137

4. **zu tun bekommen** = **in Unannehmlichkeiten kommen**:
get into trouble, come into collision with.

Page 138

1. **am Platze** = **an ihrem rechten Platze, in Ordnung**: *in
order*.

7. **Das hat ... sein Gutes** = **Es ist etwas Gutes darin**.

16. **Hotel** = **Gasthof**.

19. **Hochschule**: *college, university, academy*. An American high school corresponds to a German höhere Schule.

Page 139

17. **hatte frohen Mut** = **war frohen Mutes**: *was of good
cheer*.

19. **die Prüfung ... bestanden**: *stood the test, passed the
examination*.

20. geht es ... an die Arbeit = geht die Arbeit ... an, wird die Arbeit ... begonnen.

Page 140

9. siebenjährigen Krieges: the Seven Years' War lasted from 1756-1763.

16. heißt es im Sprichwort = sagt das Sprichwort.

26. Parabefeld: a ground where military reviews are held, or where troops maneuver for display.

Page 141

4. Gaul = Pferd. — Maul = Mund.

Page 142

20. Und die wären? = wer könnten die sein?

Page 143

10. Dienstkleidung = Uniform.

13. in Zivil = in bürgerlicher Kleidung.

21. stehe dafür: *vouch for it.*

Page 145

2. Kaiser Wilhelm: William I (1797-1888), succeeded his brother Frederick William IV in 1861 as king of Prussia and was proclaimed German emperor on the 18th of January 1871. His death in 1888 was quickly followed by that of his eldest son Frederick, the second German emperor, and on the 15th of June 1888 his grandson William II became ninth king of Prussia and third German emperor.

16. Bädeker: a guidebook, named after its publisher.

Page 148

5. drein = darein, *i. e.,* in die Welt. — böse dreinsehen: *look angry.*

7. Bube = Knabe.

11. 'mal = einmal. — dieser Frist = zu dieser Zeit.

Page 149

3. Mehrer des Reiches: augmenter of the empire (Augustus), a title applied to German emperors in former times.

13. Deutscher Kaiser: the Emperor's correct title is not Emperor of Germany, but German Emperor, and in this capacity he is merely the President of the United States of Germany.

25. Einspruch = Veto.

28. Bundesbeamte: *federal officer.*

Page 150

15. Schutzgebiet = Kolonie.

ABBREVIATIONS

acc. = accusative
adj. = adjective
adv. = adverb
art. = article
aux. = auxiliary
comp. = comparative
conj. = conjunction
dat. = dative
decl. = declined
def. = definite
dem. = demonstrative
dim. = diminutive
f. = feminine
fig. = figurative
gen. = genitive
ind. = indicative
indecl. = indeclinable
indef. = indefinite
inf. = infinitive
insep. = inseparable
interj. = interjection

interrog. = interrogative
intr. = intransitive
m. = masculine
mod. = modal
n. = neuter
nom. = nominative
num. = numeral
part. = participle, participial
pers. = person, personal
pl. = plural
poss. = possessive
pref. = prefix
prep. = preposition
pron. = pronoun
refl. = reflexive
rel. = relative
sep. = separable
sing. = singular
sup. = superlative
tr. = transitive

VOCABULARY

𝔄

Abend, –s, –e, *m.,* evening.
Abendbrot, –(e)s, *n.,* supper.
Abendessen, –s –, *n.,* supper.
Abendglanz, –(e)s, *m.,* splendor of the setting sun.
abends, *adv.,* in the evening.
Abendsonnenschein, –s, *m.,* light of the evening sun.
aber, *conj.,* but, however; *adv.,* again.
ab'-fahren, u, a, *intr.,* ſ., depart, set out, start.
Abfahrt, –, *f.,* departure.
Abfuhr, –, –en, *f.,* removal, taking off, withdrawal.
abgeneigt, *adj.,* averse, disinclined.
abgeordnet, *adj.,* deputed; *as noun,* delegate, representative.
ab'-halten, ie, a, *tr.,* hold off, keep off, ward, hold (a meeting).
ab'-holen, *tr.,* go and bring, come for, call for, send for.
ab'-lassen, ie, a, *tr. or intr.,* leave *or* break off, depart from, let off, cede, come down.
Abreise, –, *f.,* departure.
Abschied, –(e)s, –e, *m.,* leave, farewell, departure.
ab'-schreiben, ie, ie, *tr.,* copy.
Absicht, –, –en, *f.,* intention.
absichtlich, *adj.,* intentional.
ab'-stammen, *intr.,* descend.
Abstimmung, –, –en, *f.,* vote.
Abteil, –s, –e, *m.,* compartment.
Abteilung, –, –en, *f.,* division, compartment, department.
Abwesenheit, –, *f.,* absence.
Acht(ung), –, *f.,* attention, heed, care, respect.
achten, *tr.,* mind, notice, esteem, respect.
ächten, *tr.,* outlaw, proscribe.
achtzehnt–, *num.,* eighteenth.
ächzen, *intr.,* groan, moan.
Acker, –s, ̈, *m.,* acre.
Ackerbau, –(e)s, *m.,* agriculture, farming.
Ackerland, –s, *n.,* arable land.
Abel, –s, *m.,* nobility.
Adler, –s, –, *m.,* eagle.
Adresse, –, –n, *f.,* address.
ah, *interj.,* oho, oh.

183

Ahne, –n, –n, *m.*, ancestor.

ähnlich, *adj.*, similar, like.

Ähnlichkeit, –, –en, *f.*, similarity, resemblance.

Aktiengesellschaft, –, –en, *f.*, stock company.

all, *adj. and pron.*, all, whole, entire, every; —es, all, everything.

allein, *conj.*, but, however.

allerdings, *adv.*, certainly, undoubtedly.

allerlei, *indecl. adj.*, of various kinds, all sorts of.

allgemein, *adj.*, general.

alljährlich, *adv.*, every year.

Alpen, *pl.*, the Alps.

als, *conj.*, as, than, but, when; sowohl — auch, as well as.   [ingly.

also, *adv.*, so, then, accord-

Alsterbecken, –s, *n.*, basin of the river Alster in Hamburg.

alt (älter, ältest–), *adj.*, old, aged, ancient.

Altar, –s, *"e, m.*, altar.

Altenheim, –s, –e, *n.*, home for the aged.

Alter, –s, *n.*, age.

altertümlich, *adj.*, ancient, antique, quaint.

Altstadt, –, *"e, f.*, old part of a city.

Amboß, –sses, –sse, *m.*, anvil.

Amerikaner, –s, –, *m.*, American.

Amerikanerin, –, –nen, *f.*, American lady.

amerikanisch, *adj.*, American.

Amt, –es, *"er, n.*, office, court.

amtlich, *adj.*, official.

an, *prep. (dat. and acc.) and sep. pref.*, on, at, by, near, in respect to.

an'-beten, *tr.*, worship, adore.

an'-bieten, o, c, *tr.*, offer.

Anblick, –(e)s, –e, *m.*, sight, aspect.

an'-bringen, brachte an, angebracht, *tr.*, place, fix, bring in, get on, pass off, sell.

andächtig, *adj.*, devout, devotional.

Andenken, –s, –, *n.*, memory, remembrance.

ander–, *indef. pron.*, other, else, different.

ändern, *tr.*, change.

anderswo, *adv.*, elsewhere.

Änderung, –, –en, *f.*, change, alteration.

Anekdote, –, –n, *f.*, anecdote.

Anfang, –(e)s, *"e, m.*, beginning, commencement.

an'-fangen, i, a, *tr. and intr.*, begin, commence.

anfangs, *adv.*, at the beginning.

an'-fassen, *tr.*, to handle.

angebaut, *adj.*, added to.

an'-geben, a, e, *tr.*, declare, state, name, appoint, lead, denounce.

Angebot, –(e)s, –e, *n.*, offer.

angebracht, *see* anbringen.

angefüllt, *adj.*, filled.

angehörig, *adj.*, belonging, attached, related to.

Angehörige, –n, –n, *m.*, relative, relation.

angenehm, *adj.*, agreeable, pleasant.

angestellt, *adj.*, employed.

Angst, –, ²e, fright, anxiety, anguish.

an'=halten, ie, a, *tr.*, hold on, stop, arrest, pause, apply for.

ankam, *see* ankommen.

Anker, –s, –, *m.*, anchor; vor — gehen, cast anchor.

an'=kleiden, *tr.*, put on clothes; *refl.*, dress.

an'=kommen, kam an, angekommen, *intr.*, ſ., arrive.

an'=kündigen, *tr.*, announce.

Ankunft, –, ²e, *f.*, arrival.

Anlage, –, –n, *f.*, plantation, park.

an'=legen, *intr.*, land, go to the wharf, make fast.

an'=lehnen, *intr.*, *refl.*, lean against *or* upon.

an'=melden, *tr.*, announce, notify; *refl.*, present one's self.

anmutig, *adj.*, graceful, attractive.

annähernd, *adj.*, approximate.

an'=nehmen, nimmt an, nahm an, angenommen, *tr.*, to accept, assume.

an'=rennen, rannte an, angerannt, *intr.*, run against, jostle against.

an'=schauen, *tr.*, look at, behold.

Anschlag, –(e)s, ²e, showbill, placard; poster.

Anschlagsäule, –, –n, *f.*, placard column.

an'=schließen, o, o, *tr.*, annex, connect, chain to; *refl.*, join (a party).

Anschluß, –es, ²e, *m.*, annexation, joining, junction, connection.

Ansicht, –, –en, *f.*, sight, view, opinion.

Ansichts (post) karte, –, –n, *f.*, picture (postal) card.

Anstalt, –, –en, *f.*, institution.　　　　[spectable.

anständig, *adj.*, decent, re-

an'=stellen, *tr.*, place, appoint, arrange; *refl.*, act, behave.

anstieß, *see* anstoßen.

an'=stoßen, ie, o, *tr.*, hit against, touch (glasses), adjoin.

an'=strengen, *tr. and refl.*, strain, exert.

Antlitz, –es, *n.*, face, countenance.

an'=treiben, ie, ie, *tr.*, drive on, hasten on, stimulate, urge.

antworten, *tr. and intr.*, answer, reply.

anwesend, *adj.*, present; *as noun*, a person present.

Anzahl, –, *f.,* number.

Anzeige, –, –n, *f.,* advertisement.

an'-ziehen, zog an, angezogen, *tr.,* to put on, attract.

anziehend, *adj.,* attractive, interesting.

Anzug, –(e)s, ⁗e, *m.,* suit.

an'-zünden, *tr.,* light, kindle.

Apfel, –s, ⁗, *m.,* apple.

Apotheker, –s, –, *m.,* apothecary, druggist.

Arbeit, –, –en, *f.,* work, labor.

arbeiten, *tr. or intr.,* work, labor.

Arbeiterviertel, –s, –, *n.,* quarter of laborers, workingmen's district.

Arbeitgeber, –s, –, *m.,* employer.

arbeitsunfähig, *adj.,* incapable of working, incapacitated.

Arbeitsunfähigkeit, –, *f.,* incapacity for work.

ärgerlich, *adj.,* angry, provoking.

ärgern, *tr.,* vex, ruffle; *refl.,* sich — über, be vexed at.

arglos, *adj.,* guileless, artless, simple-hearted.

Aristokratie, –, –en, *f.,* aristocracy.

Arm, –(e)s, –e, *m.,* arm.

arm, *adj.,* poor, needy.

Armee, –, –n, *f.,* army.

Ärmel, –s, –, *m.,* sleeve.

Art, –, –en, *f.,* kind, species, manner, way.

Artikel, –s, –, *m.,* article.

Arznei, –, –en, *f.,* medicine.

Arzt, –es, ⁗e, *m.,* doctor, physician.

aß, *see* essen.

Ast, –es, ⁗e, *m.,* branch.

auch, *adv.,* also, too (*after a conj.*), even, ever.

auf, *prep.* (*dat. and acc.*), on, upon, at, to; (*regarding time*) toward; *adv. and sep. pref.,* up, upward, open.

aufbewahrt, *part.,* preserved, kept.

Aufbruch, –s, *m.,* break-up, setting out, departure.

Aufenthalt, –(e)s, –e, *m.,* stay, sojourn, stopping, delay.

auf'-fallen, ie, a, *intr.,* s., *with dat.,* fall *or* strike upon, astonish, strike the attention.

auf'-führen, *tr.,* lead up, erect, produce; sich —, conduct one's self.

Aufgabe, –, –n, *f.,* task, lesson.

aufgebaut, *part.,* built up, erected.

auf'-gehen, ging auf, aufgegangen, *intr.,* s., go open *or* up, rise, get consumed.

auf'-halten, ie, a, *tr.,* hold up, delay, stop; *refl.,* stop, stay.

auf-heben, o, o, *tr.*, pick up, lift up, preserve, keep, raise, annul.

aufmerksam, *adj.*, attentive.

Aufnahme, -, -n, *f.*, reception, welcome.

auf-nehmen, nimmt auf, nahm auf, aufgenommen, *tr.*, take up, receive, entertain.

aufrecht, *adj.*, erect.

Aufregung, -, -en, *f.*, excitement.

Aufrichtigkeit, -, *f.*, sincerity.

Aufsatz, -es, "e, *m.*, composition, essay.

Aufschrift, -, -en, *f.*, inscription, address.

Aufschwung, -(e)s, *m.*, soaring up, rise.

auf-stehen, steht auf, stand auf, aufgestanden, *intr.*, get up, arise. [climb.

Aufstieg, -s, -e, *m.*, ascent,

Auftrag, -(e)s, "e, *m.*, commission, errand, charge.

auf-treten, a, e, *intr.*, f., step forth, appear.

Aufwärter, -s, -, *m.*, waiter.

aufwärts, *adv.*, upward.

Auge, -s, -n, *n.*, eye.

Augenblick, -(e)s, -e, *m.*, moment.

Augsburg, *proper name*, city in southern Bavaria (formerly belonging to Swabia).

Augustmorgen, -s, -, *m.*, August morning.

aus, *prep.* (*dat.*), *adv. and sep. pref.*, out, out of, from, through.

aus-bilden, *tr.*, educate, perfect.

aus-bleiben, ie, ie, *intr.*, f., stay away, fail.

Ausdauer, -, *f.*, perseverance.

aus-dehnen, *tr.*, extend, stretch. [tension.

Ausdehnung, -, -en, *f.*, ex-

Ausdruck, -(e)s, "e, *m.*, expression.

aus-fallen, ie, a, *intr.*, f., fall out, be omitted, turn out.

Ausflug, -(e)s, "e, *m.*, excursion, trip.

Ausführung, -, -en, *f.*, execution (of some work or plan).

Ausgabe, -, -n, *f.*, edition, expense, expenditure.

ausgezeichnet, *adj.*, excellent, distinguished.

Auskommen, -s, *n.*, subsistence, livelihood, a living.

Auskunft, -, "e, *f.*, information.

Auslage, -, -n, *f.*, shop front, display of goods; expense.

Ausland, -(e)s, *n.*, foreign country.

aus-machen, *tr.*, settle; es macht nichts aus, it does not matter.

Ausnahme, -, -n, *f.*, exception.

aus'=packen, *tr.*, unpack.
aus'=rechnen, *tr.*, calculate (cost).
Ausruf, –(e)s, –e, *m.*, exclamation.
aus'=ruhen, *intr.*, rest.
Aussaat, –, –en, *f.*, sowing, seed corn.
Ausschuß, –sses, ″sse, *m.*, committee. [appear.
aus'=sehen, a, e, *intr.*, look,
Aussehen, –s, *n.*, appearance.
Außenseite, –, –n, *f.*, outside.
außer, *prep.* (*dat.*), outside of, beside, except.
äußer–, *adj.*, outer, external.
außerdem, *adv.*, besides, aside from that.
Äußere, –n, *n.*, exterior.
außerhalb, *adv.*, outside of.
äußerst, *adj. and adv.*, extreme, utmost.
Aussicht, –, –en, *f.*, view, prospect.
aus'=sprechen, a, o, *tr.*, speak out, pronounce, express, utter.
Ausspruch, –s, ″e, *m.*, saying, sentence, verdict.
Ausstattung, –, –en, *f.*, getting up, arrangement, decoration; dower, adornment.
aus'=suchen, *tr.*, search, select, pick out.
aus'=tauschen, *tr.*, exchange.
aus'=teilen, *tr.*, distribute, deal, deliver (blow).
Auster, –, –n, *f.*, oyster.

Auswanderer, –s, –, *m.*, emigrant.
aus'=zeichnen, *tr.*, distinguish.

B

backen, buk, gebacken, *tr.*, bake.
Bäcker, –s, –, *m.*, baker.
Backware, –, –n, *f.*, bakery goods, pastry.
Badeanstalt, –, –en, *f.*, bathing establishment.
Badegast, –es, ″e, *m.*, visitor using the mineral waters or sea baths.
Bädeker, –s, *m.*, name of publisher, guidebook.
baden, *tr. or intr.*, bathe.
Baden=Baden, *proper name*, a much frequented watering place in southern Germany.
Badeort, (e)s, –e, *m.*, watering place.
Badezimmer, –s, –, *n.*, bathroom.
badisch, *adj.*, belonging *or* pertaining to the grand duchy of Baden.
Bahn, –, –en, *f.*, way, road, railroad.
Bahnhof, –(e)s, ″e, *m.*, station, depot.
Bahnsteig, –es, –e, *m.*, platform of station, landing.
Bai, –, –en, *f.*, bay.
bald, *adv.*, soon.
Balken, –s, –, *m.*, beam.

Balkon', -(e)s, -e, m., balcony.

Band, -(e)s, ⁺er, n., band, ribbon; -(e)s, -e, n., bond, tie, fetter; -(e)s, ⁺e, m., volume.

bang, adj., anxious.

Bank, -, ⁺e, f., bench; -, -en, f., bank.

Banner, -s, -, n., banner.

bar, adj., bare, naked, pure; —es Geld, ready money, cash; (of payment) in cash.

Barmen, proper name, industrial city in Prussia, near the Rhine.

Bart, -es, ⁺e, m., beard.

Baß, -sses, ⁺e, m., bass.

Bastei, -, -en, f., bastion.

bat, see bitten.

Bau, -(e)s, -e or -ten, m., building, edifice, structure.

bauen, tr., build, erect, cultivate.   [farmer.

Bauer, -s, -n, m., peasant,

Bäuerin, -, -nen, f., wife of a peasant, peasant woman.

Bauerngut, -(e)s, ⁺er, n., farm.

Bauernhaus, -es, ⁺er, m., a peasant's house.

Bauernmädchen, -s, -, n., peasant girl.

Baukunst, -, f., art of building, architecture.

Baum, -es, ⁺e, m., tree.

Baumeister, -s, -, m., architect.

Baumgruppe, -, -n, f., group of trees.   [top.

Baumspitze, -, -n, f., tree

Baumwolle, -, f., cotton.

bäurisch, adj., rustic, rural, boorish, unpolished.

Bayreuth, proper name, city in northern Bavaria.

bayrisch, adj., Bavarian.

beachten, tr., notice, pay attention to.

Beamt-, decl. like adj., m., civil officer.

Becher, -s, -, m., cup, beaker.

Becken, -s, -, n., basin.

Bedarf, -(e)s, m., need, want, supply, consumption, requirement.

bedauern, tr., regret, be sorry for, pity.

bedecken, tr., cover.

bedeuten, tr., signify, mean.

bedeutend, adj., important, considerable, great.

Bedeutung, -, -en, f., significance, importance, meaning.   [dition.

Bedingung, -, -en, f., con-

beehren, tr., honor, favor; also refl., to have the honor.

beeilen, refl., hasten, hurry.

beendigen, tr., finish, complete, accomplish.

Beere, -, -n, f., dim. Beer-lein, -s, -, n., berry.

befehden, tr., fight, combat.

befehlen, a, o, tr., command, order.

Befehlshaber, -8, -, *m.*, commander.

befinden, a, u, *refl.*, be, found to be.

befindlich, *adj.*, that is found, that is situated; — **sein,** to be.

befolgen, *tr.*, follow (an order *or* advice).

befreien, *tr.*, deliver, set free.

befriedigen, *tr.*, gratify, satisfy, quench (thirst).

Befriedigung, -, *f.*, satisfaction.

begeben, a, e, *refl.*, happen; **fich — nach,** repair to, betake one's self to.

begegnen, *tr.*, f., meet, occur.

begeistern, *tr.*, inspire, enthuse.

Begeisterung, -, *f.*, inspiration, enthusiasm.

begierig, *adj.*, desirous, curious, eager.

beginnen, a, o, *tr.*, begin.

begleiten, *tr.*, accompany.

Begleiter, -8, -, *m.*, companion.

begraben, u, a, *tr.*, bury, inter.

begrenzen, *tr.*, bound, limit, border.

Begriff, -(e)8, -e, *m.*, idea, notion; **im — sein,** to be about.

begründen, *tr.*, found, establish.

Begründer, -8, -, *m.*, founder.

begrüßen, *tr.*, greet, welcome.   [member.

behalten, ie, a, *tr.*, keep, re-

beherrschen, *tr.*, rule over, govern, control.

behindern, *tr.*, hinder, prevent.

bei, *prep.* (*dat.*), *adv. and sep. pref.*, by, at, with, in, to, near.

bei'-bringen, brachte bei, beigebracht, *tr.*, administer, deal *or* hit (a blow).

beide, *pron., adj.*, both; **die —n,** the two.

Beifall, -(e)8, *m.*, applause.

beinahe, *adv.*, almost, nearly.

beisammen, *adv.*, together.

Beispiel, -(e)8, -e, *n.*, instance, example.

bei'-stimmen, *intr.*, to agree with, concur.

Beitrag, -(e)8, *-e, m.*, contribution, share.

bejahen, *tr.*, affirm.

bekam, *see* bekommen.

bekannt, *adj.*, acquainted.

Bekannt-, *decl. like adj.*, acquaintance.

Bekanntschaft, -, -en, *f.*, acquaintance.

bekommen, bekam, bekommen, *intr.*, obtain, receive; **es bekommt,** it agrees.

beladen, u, a, *tr.*, load, freight.

belaufen, ie, au, *refl. with* auf (*acc.*), come to, amount to.

beleben, *tr.,* enliven, quicken, animate.

belebt, *adj.,* lively, animated.

belegen, *tr.,* lay over *or* on, cover with; reserve.

belehnen, *tr.,* invest, vest with.

belehren, *tr.,* instruct.

beliebt, *adj.,* liked, favorite, popular.

belohnen, *tr.,* reward.

Bemannung, –, –en, *f.,* crew.

bemerken, *tr. and intr.,* remark, reply, observe, notice.

benachbart, *adj.,* neighboring.

beneiden, *tr.,* envy, covet.

benutzen, *tr.,* use, make use of, profit by.

beobachten, *tr.,* observe, notice.

Beobachtung, –, –en, *f.,* observation.

bequem, *adj.,* convenient, comfortable.

Bequemlichkeit, –, –en, *f.,* commodity.

beraten, ie, a, *tr. and refl.,* counsel; consult, confer, deliberate.

Berater, –s, –, *m.,* counselor.

bereit, *adj.,* ready, prompt, prepared.

bereitwillig, *adj.,* ready, willing, obliging.

Berg, –(e)s, –e, *m.,* mountain.

bergen, a, o, *tr.,* bring into safety, hide.

Bergland, –s, ˮer, *n.,* mountainous country.   [air.

Bergluft, –, ˮe, *f.,* mountain

Bergspitze, –, –n, *f.,* mountain top.

Berlin, *proper name,* capital of Prussia and Germany.

beruhigen, *tr.,* quiet.

berühmt, *adj.,* celebrate, renowned.

besaß, *see* besitzen.

beschädigen, *tr.,* damage, injure, hurt.

beschäftigen, *tr.,* busy, employ, engage.

beschäftigt, *part.,* busy, engaged.

beschatten, *tr.,* shade.

bescheiden, *adj.,* modest.

beschenken, *tr.,* present with a gift.

Beschreibung, –, –en, *f.,* description.

besehen, a, e, *tr.,* view, look at.

Besenstiel, –(e)s, –e, *m.,* broomstick.

besetzen, *tr.,* occupy, reserve, fill.

besichtigen, *tr.,* view, inspect.

Besichtigung, –, *f.,* inspection, sight seeing.

besiegen, *tr.,* defeat, vanquish, conquer.

Besitz, –es, *m.,* possession.

besitzen, besaß, besessen, *tr.,* possess, own.

Besitztum, –s, ˮer, *n.,* possession, estate.

besonders, *adv.,* especially, in particular.

besonnt = **sonnig,** *adj.,* sunny.

besorgen, *tr.,* provide for, manage, procure, execute.

besser, *see* **gut.**

best-, *see* **gut.**

bestand, *see* **bestehen.**

bestätigen, *tr.,* corroborate, sanction, confirm.

bestäubt, *adj.,* covered with dust.

bestehen, bestand, bestanden, *tr.,* endure, consist of.

besteigen, ie, ie, *tr.,* ascend.

bestellen, *tr.,* order, deliver, write for.

Besten, zum —, for the benefit.

bestimmen, *tr.,* determine, decide.

Besuch, –(e)s, –e, *m.,* visit, call.

besuchen, *tr.,* visit, go to see.

Besucher, –s, –, *m.,* visitor, caller.

beten, *intr.,* pray.

betrachten, *tr.,* view, look upon, consider, contemplate.

Betrag, –(e)s, ″e, *m.,* amount.

betragen, u, a, *tr.,* amount, come to; *refl.,* conduct, deport one's self.

betreffs, *prep.,* concerning.

betreten, a, e, *tr.,* enter, step into.

Betrieb, –s, –e, *m.,* management.

betritt, *see* **betreten.**

Bett, –es, –en, *n.,* bed.

Bettdecke, –, –n, *f.,* cover, quilt.

beugen, *tr.,* bend, bow down.

Bevölkerung, –, *f.,* population.

bewachsen, *part.,* overgrown (with).

bewahren, *tr.,* keep, preserve, guard, protect.

bewegen, *tr. and refl.,* move, stir; —, **bewog, bewogen,** *tr.,* induce.

Bewegung, –, –en, *f.,* motion, movement, agitation; **sich in — setzen,** start, begin to move.

Bewirtschaftung, *f.,* cultivation.

bewohnen, *tr.,* inhabit.

Bewohner, –s, –, *m.,* inhabitant.

Bewunderer, –s, –, *m.,* admirer.

bewundern, *tr.,* admire.

bewußt, *adj.,* conscious.

bezahlen, *tr.,* pay.

Beziehung, –, –en, *f.,* relation, reference, respect, regard.

bezugnehmend, *part.,* with reference to.

Bibel, –, –n, *f.,* Bible.

Bibliothek, –, –en, *f.,* library.

Biegung, –, –en, *f.,* bend, curve.

Bier, –(e)s, –e, n., beer.
bieten, o, o, tr., offer, bid.
Bild, –(e)s, –er, n., picture,
image.
bilden, tr., form, figure, compose, cultivate. [tor.
Bildhauer, –s, –, m., sculp-
Bildnismaler, –s, –, m., portrait painter.
billig, adj., cheap; equitable,
fair.
bin, 1st pers. pres. ind. of
sein.
Binde, –, –n, f., band, bandage.
binnen, prep. (dat.), within.
Birne, –, –n, f., pear.
bis, prep., till, until, up to,
as far as; — an, to, up
to; conj. (bis daß), until.
Bischof, –(e)s, "e, m., bishop.
bisher, adv., hitherto.
bist, see sein.
bitten, a, e, tr., ask, solicit,
pray; bitte or bitte sehr!
please; don't mention it!
bitter, adj., bitter.
blank, adj., shining, white.
blasen, ie, a, tr., blow, play
on a wind instrument.
blaß, adj., pale.
Blatt, –es, "er, n., leaf, page.
blau, adj., blue.
Blauäuglein, pl., blue eyes.
bleiben, ie, ie, intr., s., stay,
continue, remain.
bleich, adj., pale.
Bleistift, –(e)s, –e, m., lead
pencil.

blendend, adv., dazzling.
Blick, –es, –e, m., glance.
blicken, intr., look at, into.
blinken, intr., twinkle,
gleam, glitter.
blitzen, intr., flash, glance.
bloß, adj., mere, bare; adv.,
merely, only.
blühen, intr., blossom,
bloom, flourish.
Blume, –, –n, f., flower.
Blut, –(e)s, n., blood.
Blüte, –, –n, f., blossom.
blutig, adj., bloody.
Boden, –s, ", m., bottom,
soil, ground, floor.
Bodensee, –s, m., lake of
Constance in southern
Germany.
Bohne, –, –n, f., bean.
Bonn, a university town on
the Rhine.
Boot, –(e)s, –e, n., boat.
Bord, –(e)s, –e, m., board,
border, brim.
böse, bös, adj., bad, evil,
angry.
Bote, –n, –n, m., messenger.
brachte, see bringen.
Brandenburg, proper name,
a province of Prussia.
Braten, –s, –, m., roast.
braten, ie, a, tr., roast.
Bratkartoffeln, pl., fried potatoes.
Bratwurstglöcklein, proper
name, n., 'sausage-bell',
name of a small tavern in
Nuremberg.

brauchen, *tr.,* need, want.

braun, *adj.,* brown.

Braunbier, –s, *n.,* brown
. beer, dark beer.

Braunschweig, *proper name,*
Brunswick, city in north-
ern Germany, capital of
the duchy of Brunswick.

Braut, –, *̋e, f.,* bride.

Brautgewand, –s, *̋er, n.,*
bridal dress.

Bräutigam, –s, –e, *m.,* bride-
groom.

breit, *adj.,* broad, wide.

Breite, –, –n, *f.,* breadth.

breitrandig, *adj.,* broad-
rimmed.

Bremen, *proper name,* Han-
seatic city on the Weser.

Bremse, –, –n, *f.,* brake;
gadfly.

brennen, brannte, gebrannt,
tr., burn, smart, bake
(pottery).

Brennöl, –(e)s, –e, *n.,* lamp
oil.

Brett, –es, –er, *n.,* board.

Brief, –(e)s, –e, *m.,* letter.

Briefumschlag, –s, *̋e, m.,*
envelope.

bringen, brachte, gebracht,
tr., bring, fetch, get.

Brocken, *proper name, m.,*
highest mountain in the
Harz.

Bronze, –, –n, *f.,* bronze.

Brot, –es, –e, *n.,* bread.

Brötchen, –s, –, *n.,* little loaf
of bread, roll.

Brücke, –, –n, *f.,* bridge.

Brunnen, –s, –, *m.,* fountain.

Brust, –, *̋e, f.,* breast, chest;
—tasche, –, –n, *f.,* breast
pocket.

Brüstung, –, –en, railing,
breastwork.

Bube, –n, –n, *m.,* boy.

Buch, –(e)s, *̋er, n.,* book.

Buchenholz, –es, *̋er, n.,*
beech wood.

Buchhandel, –s, *m.,* book
trade.

Buchstabe, –ns, –n, *m.,* letter,
printer's type.

Buchweizen, –s, *m.,* buck-
wheat.

bücken, *refl.,* bow, bend,
stoop.

Bude, –, –n, *f.,* booth.

Bühne, –, –n, *f.,* stage,
theater.

Bund, –(e)s, *̋e, m.,* union,
alliance, association.

Bundesrat, –(e)s, *m.,* federal council.

Bundestag, –(e)s, *m.,* Federal diet (of the confed-
eracy of German states).

bündig, *adj.,* concise, brief.

bunt, *adj.,* gay-colored, va-
riegated.

Burg, –, –en, *f.,* castle.

Bürger, –s, –, *m.,* citizen.

bürgerlich, *adj.,* civil.

Bürgermeister, –s, –, *m.,*
mayor of a city.

Bürgersteig, –(e)s, –e, *m.,*
sidewalk.

Burggraf, –en, –en, *m.,* governor of a town, warden of a castle.

Burgruine, –, –n, *f.,* ruin of a castle.

Bursche, –n, –n, *m.,* fellow, student, journeyman, boy.

Bürschchen, –s, –, *n.,* little fellow.

Burschenlust, –, *f.,* student's joy.

Büste, –, –n, *f.,* bust.

Butter, –, *f.,* butter.

C

charakteristisch, *adj.,* characteristic.

Chemikalien, *pl.,* chemicals.

Chemiker, –s, –, *m.,* chemist.

chemisch, *adj.,* chemical.

Chor, –(e)s, ⸚e, *m.,* chorus, choir.

Christenheit, –, *f.,* Christendom.

Christentum, –s, *n.,* Christianity.

Cigarre *or* **Zigarre,** –, –n, *f.,* cigar.

Cuxhaven, *proper name,* seaport near Hamburg.

D

da, *adv.,* there, then, here; *conj.,* when, since; *sep. pref.,* there.

dabei, *adv.,* thereby, thereat, besides.

Dach, –(e)s, ⸚er, *n.,* roof.

dachte, *see* **denken.**

dafür, *adv.,* therefor, for it.

dagegen, *adv.,* against that, on the other hand, however.

daher, *adv.,* therefore, thence. [away.

dahin, *adv.,* thither, along,

damalig–, *adj.,* of that time, then.

damals, *adv.,* at that time, then.

Dame, –, –n, *f.,* lady.

damit, *adv.,* therewith, with that; *conj.,* in order that.

Damm, –es, ⸚e, *m.,* dam, dike.

Dämmerung, –, *f.,* twilight; **Morgen—,** dawn; **Abend—,** dusk.

dampfen, *intr.,* f., steam.

Dampfer, –s, –, *m.,* steamer.

Dampffähre, –, –n, *f.,* ferryboat, steam ferry.

Dampfmaschine, –, –n, *f.,* steam engine.

Dampfpfeife, –, –n, *f.,* steam whistle, foghorn.

Dank, –(e)s, *m.,* thanks.

dankbar, *adj.,* grateful.

danken, *intr.,* thank.

dann, *adv. and conj.,* then, at that time.

Danzig, *proper name,* a German city on the Baltic Sea.

dar, *for* **da,** there.

baran, *adv.,* thereon, thereat.

barauf *or* **baraufhin,** *adv.,* thereupon, thereon, afterward.

baraus, *adv.,* thereout, therefrom, out *or* from it *or* that.

barein, *adv.,* into it, at it.

bar'=ftellen, *tr.,* represent.

barüber, *adv.,* over it *or* that, thereover, about it.

barum, *adv.,* around it *or* that, therefore.

barunter, *adv.,* under it *or* that, thereunder, among them.

baß, *conj.,* that, so that.

Dauer, –, *f.,* duration.

bauern, *intr.,* last.

bauernb, *adj.,* lasting.

bavon, *adv. and sep. pref.,* thereof, therefrom, from it *or* that.

bazu, *adv.,* thereto, to it, to this, to that.

Dec, –(e)s, –e, *n.,* deck.

Dece, –, –n, *f.,* cover, covering, ceiling.

becen, *tr.,* cover, deck, spread, screen.

Deich, –es, –e, *m.,* dike, dam.

bein, *poss. pron.,* thy, thine, your.

Delikateffenlaben, –s, *",* *m.,* delicatessen store (where delicacies are sold).

benken, bachte, gebacht, *tr. or intr.,* think, remember, imagine; — **an,** think of.

Denkmal, –(e)s, *"*er, *n.,* monument.

benn, *conj.,* for.

bennoch, *adv.,* nevertheless.

ber, bie, bas, *def. art.,* the; *rel. pron.,* who, which, that; *dem. pron.,* that, this.

berb, *adj.,* solid, firm, robust, rough, coarse.

beren, *gen. sing. f., or gen. pl. of dem. or rel. pron.,* of her, of them, of those, whose.

berjenige (bie–, bas–, bie–n), *dem. pron.,* that one, he (who).

berfelbe (bie–, bas–, bie–n), *dem. pron.,* the same, he, she, it.

beshalb, *adv.,* therefore, for that reason.

beffen, *gen. sing. of* ber *or* bas, *dem. or rel. pron.,* of it, of that, whose.

beutfch, *adj.,* German; **ber (bie) Deutfche,** the German; **ein Deutfcher, eine Deutfche,** a German.

Deutfchlanb, –s, *n.,* Germany.

Dialekt, –(e)s, –e, *m.,* dialect.

bich, *pers. pron., acc. of* bu, thee, you.

bicht, *adj.,* dense.

bichten, *tr. or intr.,* write poetry, invent.

Dichter, –s, –, *m.,* poet.

Dichtung, –, –en, *f.,* poetry.

dick, *adj.*, thick.

Diele, –, –n, *f.*, board, floor, vestibule.

dienen, *tr.*, serve.

Diener, –s, –, *m.*, servant.

Dienst, –es, –e, *m.*, service.

Dienstbote, –n, –n, *m.*, servant, domestic.

Dienstjahre, *pl.*, years of service.

Dienstkleidung, –, *f.*, livery, uniform.

Dienstmädchen, –s, –, *n.*, servant girl.

dieser, –e, –es *or* dies, *dem. adj. and pron.*, this, this one, the latter.

Ding, –(e)s, –e, *n.*, thing.

dir, *pers. pron.*, *dat.* of du, to thee *or* to you.

direkt, *adj.*, direct, straight.

doch, *adv.*, yet, still, though, but really, however, indeed.

Doktor, –s, –en, *m.*, doctor, physician.

Dom, –(e)s, –e, *m.*, cathedral.

Donnerschlag, –s, ⁎e, *m.*, thunderclap.

doppelt, *adj.*, double.

dort, *adv.*, yonder, there.

dorthin, *adv.*, thither, yonder.

Drache, –n, –n, *m.*, dragon (kite).

Drachenfels, *proper name*, *m.*, a mountain near the Rhine.

Draht, –es, ⁎e, *m.*, wire.

Drama, –s, –en, *n.*, drama.

dramatisiert, *part.*, dramatized.

drehen, *tr.*, turn, whirl, wheel; *refl.*, turn around, revolve.

drei, *num.*, three.

dreißig, *num.*, thirty.

dreizehnt–, *num. adj.*, thirteenth.

Dresden, *proper name*, capital city of the kingdom of Saxony.

dritt–, *num. adj.*, third; —⁎ größt, *adj.*, third largest.

droben, *adv.*, up there, yonder.

Droschke, –, –n, *f.*, cab.

Druck, –(e)s, –e, *m.*, print, pressure.

drucken, *tr. and intr.*, print, stamp.

du, *pers. pron.*, thou, you.

Duft, –s, ⁎e, *m.*, fragrance, odor, smell.

duften, *intr.*, exhale fragrance.

Dummheit, –, –en, *f.*, stupidity, stupid thing, foolish trick.

dumpf, *adj.*, damp, musty, hollow, gloomy.

dunkeln, *intr.*, grow dark.

durch, *prep.* (*acc.*), *adv.*, *sep. and insep. pref.*, through, by, by means of.

durchaus, *adv.*, throughout, by all means; — nicht, not at all, by no means.

durchbe'ben, *tr.*, thrill.
durchboh'ren, *tr.*, perforate.
Durchschnitt, –s, –e, *m.*, average.
durchströ'men, *tr.*, stream *or* flow *or* run through.
dürfen, darf, durfte, geburft, *mod. aux.*, be allowed *or* permitted, may, can.
dürr, *adj.*, dry.
Dürrobst, –(e)s, *n.*, dried fruit.
Durst, –es, *m.*, thirst.
Düsseldorf, *proper name*, city on the Rhine.
düster, *adj.*, dark, gloomy.
Dutzend, –s, –e, *n.*, dozen.

E

Ebbe, –, *f.*, ebb, low tide.
eben, *adj.*, even; *adv.*, now, just now.
Ebene, –, –n, *f.*, plain.
ebenfalls, *adv.*, also, likewise.
Echo, –s, –, *n.*, echo.
echt, *adj.*, genuine, true, sincere, sterling.
Ecke, –, –n, *f.*, corner.
Eckfenster, –s, –, *n.*, corner window.
Eckzimmer, –s, –, *n.*, corner room.
edel, *adj.*, noble, high-minded, generous, precious.
Edelstein, –s, –e, *m.*, precious stone, jewel.

Edeltanne, –, –n, *f.*, a species of white spruce.
Edelweiß, *n.*, *proper name*, 'noble-white', an Alpine flower.
ehe, *conj.*, before, ere.
Ehre, –, –n, *f.*, honor; zu Ehren, in honor of.
ehren, *tr.*, honor.
Ehrengeschenk, –s, –e, *n.*, gift of honor.
Ehrfurcht, –, *f.*, reverence, respect.   [able.
ehrlich, *adj.*, honest, honor-
ehrwürdig, *adj.*, venerable.
ei, *exclamation of surprise*, why, indeed.
Ei, –(e)s, –er, *n.*, egg.
Eichhörnchen, –s, –, *n.*, squirrel.
Eierkuchen, –s, –, *m.*, omelet.
Eifer, –s, *m.*, zeal.
eifrig, *adj.*, zealous, eager, earnest.
eigen, *adj.*, own, peculiar.
eigenartig, *adj.*, unique, particular, quaint.
eigentlich, *adj. and adv.*, proper(ly), exact(ly).
Eigentum, –s, ⁺er, *n.*, property.
eigentümlich, *adj.*, peculiar.
eilen, *intr.*, hasten.
eilig, *adj.*, hasty; *adv.*, hastily.
ein, –e, ein, *indef. art.*, a, an; ein, –er, –e, –(e)s, *num.*, one.
ein, *sep. pref.*, in into.

einander, *indecl. pron.,* one another, each other.

Eindruck, –(e)s, ⁻e, *m.,* impression.

einfach, *adj.,* simple, plain.

Einfachheit, –, *f.,* simplicity.

ein'-fallen, fiel ein, eingefallen, *intr., ſ.,* come into one's mind, occur, think of.

ein'-führen, *tr.,* lead in, introduce, import. [tion.

Einführung, –, *f.,* introduc-

Eingang, –(e)s, ⁻e, *m.,* entrance.

eingebildet, *adj.,* conceited.

eingemacht, *part. adj.,* preserved.

eingeräumt, *part.,* granted.

einher, *adv.,* along.

einig, *adj.,* united, one.

einige, *pron.,* some, several.

Einjährig-Freiwillig, *decl. like adj., m.,* one-year volunteer.

Einkauf, –es, ⁻e, *m.,* purchase; Einkäufe machen, go shopping.

ein'-laden, u, a, *tr.,* invite.

einladend, *adv.,* invitingly, temptingly.

ein'-laufen, ie, au, *intr., ſ.,* run in, enter, come.

ein'-machen, *tr.,* preserve.

ein'mal, *adv.,* one time, once; einmal', once, only, just; auf —, all at once.

Einnahme, –, –n, *f.,* receipt, revenue.

ein'-räumen, *tr.,* put away (into a room), make room for; *fig.,* grant.

ein'-richten, *tr.,* arrange; fit out, order; *refl.,* settle down.

Einrichtung, –, –en, *f.,* institution, arrangement, accommodations.

ein'-rücken, *intr., ſ.,* march into; *tr.,* insert.

einsam, *adj.,* solitary, lonesome.

ein'-schreiben, ie, ie, *tr.,* register.

Einspruch, –es, ⁻e, *m.,* objection; Recht des Einspruches, veto.

einst, *adv.,* once, at a future time.

ein'-steigen, ie, ie, *intr., ſ.,* step in, get in.

ein'-stimmen, *intr.,* agree, join.

Einteilung, –, –en, *f.,* division, distribution.

ein'-treten, a, e, *intr., ſ.,* enter.

einverstanden, *part.,* — mit, agreed to, satisfied with.

ein'-willigen, *intr.,* consent to.

Einwohner, –s, –, *m.,* inhabitant.

einzeln, *adj.,* single, isolated, individual.

einzig, *adj.,* only, sole, unique.

Eisen, –s, *n.,* iron.

Eisenach, *proper name*, a city in Thuringia.

Eisenbahn, –, –en, *f.*, railroad.

Eisenbahnwagen, –s, –, *m.*, railroad car.

Eisenstange, –, –n, *f.*, iron bar.

eisern, *adj.*, iron.

eiskalt, *adj.*, ice-cold.

Eisleben, *proper name*, a city in the Prussian province of Saxony.

eitel, *adj.*, vain, self-conceited.

Elbe, *f., proper name*, a river in Germany.

Elberfeld, *proper name*, a city in Rhenish Prussia.

elektrisch, *adj.*, electric.

elfenbeinern, *adj.*, of ivory.

elft, *num. adj.*, eleventh.

Elle, –, –n, *f.*, yard.

Eltern, *pl.*, parents; —haus, home of the parents.

empfangen, i, a, *tr.*, receive.

Empfangszimmer, –s, –, *n.*, reception room, parlor.

empfehlen, a, o, *tr.*, recommend.

empor, *adv. and sep. pref.*, upward,.aloft.

empor'-ragen, *intr.*, tower, rise above.

empor'-steigen, ie, ie, *intr.*, f., rise, ascend, mount.

Ende, –s, –n, *n.*, end, aim; am —, at last, finally; zu —, over.

endlich, *adv.*, finally, at last.

eng(e), *adj.*, narrow, tight.

Engel, –s, –, *m.*, angel.

England, *n., proper name*, England.

Engländer, –s, –, *m.*, Englishman.

englisch, *adj.*, English.

entdecken, *tr.*, discover.

Entdeckung, –, –en, *f.*, discovery.   [tance.

Entfernung, –, –en, *f.*, distance.

entfliehen, o, o, *intr.*, f., escape, run away.

entgegen, *prep.* (*dat. follows governed word*), *and sep. pref.*, against, toward.

entge'gen-kommen, a, o, *intr.*, f., come to meet, come towards.

entgegnen, *intr.*, reply.

entgehen, entging, entgangen, *intr.*, f., escape.

enthalten, ie, a, *tr.*, hold, contain; *refl.*, abstain.

entlang, *adv.*, along, the length of.

Entlassung, –, –en, *f.*, dismissal.

entlegen, *adj.*, distant, remote.   [angry.

entrüstet, *adj.*, indignant,

entschuldigen, *tr. and refl.*, excuse.

Entschuldigung, –, –en, *f.*, excuse, pardon.

entsprechend, *adj.*, proportionate, equal, corresponding.

entfteben, entftanb, entftan=
ben, *intr., f.,* originate,
arise.
enttäufchen, *tr.,* disappoint.
entweder...ober, *conj.,* either
...or.
entwickeln, *tr. and refl.,* un-
fold, develop.
Entwicklung, –, –en, *f.,* de-
velopment.
entzücken, *tr.,* enrapture,
charm, delight.
er, *pers. pron.,* he.
erbauen, *tr.,* erect, edify.
erb'lich, *adj.,* hereditary, in-
heritable.
erblick'en, *tr.,* observe, notice, sight.
Erbe, –, *f.,* earth.
Ereignis, –ffes, –ffe, *n.,*
event.
erfahren, u, a, *tr.,* experience, learn by experience.
erfinden, a, u, *tr.,* invent.
Erfindung, –, –en, *f.,* inven-
. tion.
Erfolg, –es, –e, *m.,* success.
erfolgreich, *adj.,* successful.
erfrifchen, *tr. or refl.,* re-
fresh, revive.
Erfrifchungsraum, –s, ˣe, *m.,*
restaurant.
erfüllen, *tr.,* fill, fulfill.
Erfüllung, *f.,* fulfillment; in
— gehen, be fulfilled, be
realized.
ergeben, *adj.,* devoted.
ergrei'fen, ergriff, ergriffen,
tr., seize upon.

erhalten, ie, a, *tr.,* receive,
obtain, support, preserve.
erheben, o, o, *tr.,* raise, lift
up; *refl.,* arise, rise up
against.
Erholung, –, *f.,* recreation,
recovery.
Erholungshäufer, *pl.,* homes
for convalescents.
Erika, *f., proper name,* a
shrub (a kind of heather).
erinnern, *tr.,* remind; *refl.,*
remember.
Erinnerung, –, –en, *f.,* remembrance, memory.
erkennen, erkannte, erkannt,
tr., recognize, perceive.
Erkennen, –s, *n.,* recogni-
tion.
Erker, –s, –, *m.,* bay window, oriel.
erklären, *tr.,* explain, make
clear, declare.
erklärlich, *adj.,* easily ex-
plained. [scale.
erklimmen, o, o, *tr.,* climb,
erklingen, a, u, *tr.,* to sound,
resound.
Erlaß, –ffes, –ffe, *m.,* decree,
order.
erlauben, *intr.,* permit, give
leave.
Erlaubnisfchein, –(e)s, –e,
m., permit.
Erlebnis, –ffes, –ffe, *n.,* experience, occurrence.
erlernen, *tr.,* learn, acquire.
Erl(en)könig, –s, *m.,* king
of the elves.

Ernennung, –, –en, f., nomination, appointment.

ernst, adj., earnest, serious, sober.

Ernte, –, –n, f., harvest.

erobern, tr., conquer.

Eroberung, –, –en, f., conquest.

erraten, ie, a, tr., guess.

erregen, tr., excite, stir up, raise.

erreichen, tr., reach, attain.

errichten, tr., erect.

erscheinen, ie, ie, intr., f., appear.

erschrecken, tr., frighten; —, erschrak, erschrocken, intr., f., be frightened.

erse'hen, a, e, tr., see, notice, observe.

erst, adj., first, foremost; adv., previously, only, but.

erstaunen, intr., f., be astonished.   [ment.

Erstaunen, –s, n., astonish-

erstehen, erstand, erstanden, intr., f., rise; tr., buy.

Ertrag, –(e)s, ⁻e, m., produce, revenue.

erwachen, intr., f., awake.

Erwachsen–, decl. like adj., adult.

erwarten, tr., expect.

erwer'ben, a, o, tr., acquire.

erwidern, tr., return, reply.

Erz, –es, –e, n., ore, brass, bronze.

erzählen, tr., relate, tell a story.

Erzählung, –, –en, f., story, narration, relation.

Erzengel, –s, –, m., archangel.

Erzeugnis, –ffes, –ffe, n., product, produce.

Erzeugung, –, f., generation, creation, production.

Erzieherin, –, –nen, f., governess.

Erziehung, –, f., education.

erzreich, adj., rich in ores.

erzürnt, part., angry, incensed.

es, pers. pron., neuter, it; as expletive, there.

Esse, –, –n, f., forge.

essen, aß, gegessen, tr., eat, dine.

Essen, proper name, a city in Rhenish Prussia.

etwa, adv., about, possibly, perchance.

etwas, pron., something, anything; adv., somewhat.

Europa, –s, proper name, Europe.

Exzellenz, –, –en, f., excellency (title).

F

Fabrik, –, –en, f., factory.

Fabrikstadt, –, ⁻e, f., factory town.

Faden, –s, ⁻, m., thread.

Fahne, –, –n, f., flag.

Fähre, –, –n, f., ferry.

fahren, u, a, tr., ſ., drive, ride in a vehicle, go, fare.

Fahrgaſt, -(e)s, ⁔e, m., passenger.

Fahrgeld, -(e)s, -er, n., fare.

Fahrkarte, -, -n, f., ticket for a train or steamer.

Fahrpreis, -es, -e, m., rate of fare.

Fahrzeug, -(e)s, -e, n., vessel, craft.

Fall, -es, ⁔e, m., fall, case.

fallen, fiel, gefallen, intr., ſ., fall, descend.

Falte, -, -n, f., fold, wrinkle.

falten, tr., fold.

faltig, adj., having folds, plaited.

Familienanſchluß, -es, m., friendly relation to the family, association (on the part of a lodger) with the members of a family.

Familienglück, -(e)s, n., happiness of family life.

Familienpenſion, -, -en, f., boarding house for families.

fangen, i, a, tr., catch.

Farbe, -, -n, f., color, dye, paint.

Färber, -s, -, m., dyer.

Färberei, -, -en, f., dye-work.

farbig, adj., colored.

Farbſtoff, -es, -e, m., dye-stuff.

Farbwerke, pl., dye works.

Farnkraut, -es, ⁔er, n., or Farn, -(e)s, -e, n., fern.

Faß, -ſſes, ⁔ſſer, n., cask, keg, tun.

faſſen, tr., grasp, seize, hold.

Faſtnachtzeit, -, f., Shrove-tide.

fechten, o, o, intr., fence.

Fechten, -s, n., fencing.

Feder, -, -n, f., feather, pen.

fehlen, intr., foil, make a mistake, be absent, be lacking.

Fehler, -s, -, m., fault, mistake.

Feier, -, -n, f., holiday, cele-bration, rest.

feierlich, adj., solemn, festive.

feiern, tr. and intr., rest from work, celebrate.

Feind, -(e)s, -e, m., enemy.

Feld, -es, -er, n., field, acre.

Feldarbeiter, -s, -, m., farm laborer.

Fels (or Felsen), -ens, -en, m., rock.

Felsenriff, -(e)s, -e, n., reef of rocks.

Felsmaſse, -, -n, f., mass of rocks.

Fenſter, -s, -, n., window.

Ferien, pl., vacation.

fern, adj., far.

Ferne, -, -n, f., distance.

ferner, adv., further, more-over.

fertig, adj., ready, prepared, done, finished.

feſſeln, tr., fetter, catch, attract *or* rivet (attention), fascinate.

Feſt, –es, –e, *n.*, feast, festival.

feſt, *adj.*, firm, fixed, strong, steady.

Feſtgeläut(e), –s, *n.*, festive peal of bells, chime.

Feſtland, –(e)s, *er, n.*, continent.

feſt=ſeßen, *tr.*, appoint (a time), determine.

Feſtungswerf, –(e)s, –e, *n.*, fortification, fort.

Feuer, –s, –, *n.*, fire; Feuers= glut, glow of fire.

Fichte,–,–n, *f.*, pine tree, fir.

Fieber, –s, –, *n.*, fever.

Figur, –, –en, *f.*, figure.

finden, a, u, *tr.*, find.

finſter, *adj.*, dark.

Firma, –, –en, *f.*, firm.

Fiſch, –(e)s, –e, *m.*, fish.

fiſchen, *tr. and intr.*, fish, catch fish.

flach, *adj.*, flat, level.

Flachs, –es, *m.*, flax.

Flaſche, –, –n, *f.*, bottle.

Fleiſch, –es, *n.*, flesh, meat.

fleißig, *adj.*, diligent.

fliegen, o, o, *intr.*, ſ., fly.

fliehen, o, o, *intr.*, ſ., flee; *tr.*, flee from, shun.

fließen, floß, gefloſſen, *intr.*, ſ., flow.

flinf, *adj.*, quick, brisk, nimble.

Flöte, –, –n, *f.*, flute.

Flotte, –, –n, *f.*, navy.

Flügeltüre, –, –n, *f.*, double doors.

Flur, –, –en, *f.*, fields.

Fluß, –ſſes, *ſſe, m.*, river.

Flut, –, –en, *f.*, flood, tide.

folgen, *intr.*, ſ., follow, obey.

folgend, *adj.*, following.

forbern, *tr.*, demand.

Forberung, –, –en, *f.*, claim, challenge.

Form, –, –en, *f.*, form.

Forſt, –es, –e, *m.*, forest.

Förſter, –s, –, *m.*, forester.

fort, *adv. and sep. pref.*, forth, away, onward, on, continuously.

fort'=fahren, u, a, *intr.*, ſ., continue, ride *or* drive away.

Frachtrate, –, –n, *f.*, rate of freight.

Frachtſchiff, –(e)s, –e, *n.*, merchantman, trading ship.

fragen, *tr.*, ask, inquire.

Franffurt, *proper name*, a city on the Main.

Franfe, –n, –n, *m.*, Franconian, Frank, a member of a German tribe.

Franfreich, –s, *proper name, n.*, France.   [man.

Franzoſe, –n, –n, *m.*, French-

franzöſiſch, *adj.*, French.

Frau, –, –en, *f.*, woman, mistress, Mrs., wife, lady.

Frauenfirche, –, *f.*, *proper name*, Lady church (dedicated to the Virgin Mary).

Frauenstimme, –, –n, *f.*, female voice.

Fräulein, –s, –, *n.*, young lady, Miss.

frei, *adj.*, free, vacant.

Freiburg, *proper name*, a city of Baden.

Freigepäck, –(e)s, –e, *n.*, free baggage.

Freiheit, –, –en, *f.*, freedom, liberty.

Freiheitsgöttin, –, –nen, *f.*, Goddess of Liberty.

Freiherr, –n, –en, *m.*, baron.

freilich, *adv.*, certainly, of course.

freiwillig, *adj.*, voluntary; **der Freiwillige,** volunteer.

fremd, *adj.*, foreign, strange.

Fremd–, *decl. like adj., m.*, stranger, foreigner.

Fremdenzimmer, –s, –, *n.*, spare room, guest room.

Fremdwort, –es, ᵘer, *n.*, foreign word.

Freude, –, –n, *f.*, joy, pleasure.

freuen, *tr.*, please, delight; **sich —,** rejoice, be glad; **sich — über,** rejoice at, be pleased with; **sich — auf,** look forward with pleasure; **es freut mich,** I am glad.

Freund, –es, –e, *m.*, friend.

freundlich, *adj.*, friendly, pleasant.

Freundschaft, –, –en, *f.*, friendship.

frieblich, *adj.*, peaceful.

Friedrichsbad, *n.*, *proper name*, a watering place in Baden-Baden.

Friedrichsruh, *proper name*, a village near Hamburg.

Friese, –n, –n, *m.*, Friesian, a native of Friesland and member of a Low German tribe.

frisch, *adj.*, fresh, lively.

Frist, –, *f.*, term, space of time, time.

Fritz, *proper name, abbreviation of* **Friedrich,** Fred.

fröhlich, *adj.*, glad, joyful, cheerful.

Frohsinn, –s, *m.*, cheerfulness.

fromm, *adj.*, pious.

Frömmigkeit, –, *f.*, piety.

Frucht, –, ᵘe, *f.*, fruit.

fruchtbar, *adj.*, fertile.

früh, *adj.*, early; *adv.*, early, in the morning; **—er,** sooner, earlier, formerly.

Frühling, –s, –e, *m.*, spring.

Frühstück, –(e)s, –e, *n.*, breakfast.

Fuggerei, *f.*, *proper name*, a miniature town built by the brothers Fugger in Augsburg for indigent citizens.

fühlen, *tr.*, feel, perceive.

führen, *tr.*, guide, conduct, lead.

Führer, –s, –, *m.*, leader, guide.

Fuhrmann, –s, ˮer *or* **Fuhr-leute,** *m.*, driver, teamster, carter.

Fülle, –, *f.*, fullness, abundance, plenty.

füllen, *tr.*, fill.

Fundament, –(e)s, –e, *n.*, foundation, basis.

fünf, *num.*, five.

Fünftel, –s, –, *n.*, one fifth.

fünfzehnfach, *num. adj.*, fifteenfold.

fünfzig, *num.*, fifty.

funkeln, *intr.*, sparkle, glitter.

für, *prep. (acc.)*, for.

furchtbar, *adj.*, dreadful, terrible.

fürchten, *tr.*, fear; **sich** —, be afraid of.

Fürsorge, –, *f.*, care.

Fürst, –en, –en, *m.*, prince.

Fürstentum, –s, ˮer, *n.*, principality.

Furt, –, –en, *f.*, ford.

Fuß, –es, ˮe, *m.*, foot.

Fußballspiel, –s, –e, *n.*, football game.

Fußboden, –s, ˮ, *m.*, floor.

Fußgänger, –s, –, *m.*, pedestrian.

füttern, *tr.*, feed.

G

Gabel, –, –n, *f.*, fork.

Galerie, –, –n, *f.*, gallery.

Gang, –(e)s, ˮe, *m.*, walk, gait, hallway, course, round.

ganz, *adj.*, whole, entire; **das Ganze,** the whole.

gar, *adj.*, finished, done; *adv.*, very, quite; — **nicht,** not at all; — **nichts,** nothing whatever.

Gardine, –, –n, *f.*, curtain.

Garten, –s, ˮ, *m.*, garden.

Gartenanlage, –, –n, *f.*, park-like garden, garden plot.

Gartenlaube, –, –n, *f.*, bower, arbor; title of an illustrated weekly magazine.

Gartenlokal, –s, –e, *n.*, place *or* hall of amusement ornamented with plants.

Gasse, –, –n, *f.*, street, lane.

Gast, –es, ˮe, *m.*, guest.

gastfrei, *adj.*, hospitable.

gastfreundlich, *adj.*, hospitable.

Gastfreundschaft, –, *f.*, hospitality.

Gasthaus, –es, ˮer, *n.*, hotel, inn.

Gasthof, –(e)s, ˮe, *m.*, hotel.

gastlich, *adj.*, hospitable.

Gastwirt, –(e)s, –e, *m.*, innkeeper, landlord, host.

Gaul, –s, ˮe, *m.*, horse, nag.

geächtet, *part.*, proscribed, outlawed.

Gebäck, –(e)s, *n.*, cooky, pastry.

Gebäude, –s, –, *n.*, building.

geben, a, e, *tr.*, give, perform, play; **es gibt,** there are; **zum besten geben,**

treat with, favor with;
fich — laffen, order.

Gebet, –es, –e, n., prayer.

gebeten, see bitten.

Gebiet, –(e)s, –e, n., territory, domain.

Gebirge, –s, –, n., mountain range.

geboren, part., born.

Gebrauch, –(e)s, "e, m., custom, use.

Geburt, –, –en, f., birth; von — , by birth.

Geburtshaus, –es, "er, n., house of birth.

Geburtsftadt, –, "e, f., birthplace, native city.

Geburtstag, –(e)s, –e, m., birthday.

Gedanke, –ns, –n, m., thought.

Gedicht, –(e)s, –e, n., poem.

Geduld, –, f., patience.

geeint, part., united.

Gefahr, –, –en, f., danger.

gefährlich, adj., dangerous.

gefallen, gefiel, gefallen, intr., w. dat., please, like; fich etwas — laffen, put up with.

gefällig, adj., obliging, pleasing; — fein, please.

Gefangen-, decl. like adj., m., prisoner.

Geflügel, –s, n.; fowls, poultry.

Gefror(e)nes, n., ice cream.

Gefühl, –(e)s, –e, n., feeling, emotion.

gegen, prep. (acc.), against, towards, for.

Gegend, –, –en, f., country, region, part.

Gegenftand, –(e)s, "e, m., object, article.

Gegenteil, –s, –e, n., contrary; im —, on the contrary.

gegenüber, adv., opposite.

Gegenwart, –, f., presence, present time.

gegenzeichnen, tr., countersign.

Gegner, –s, –, m., opponent, rival.

gegoffen, see gießen.

geheim, adj., secret.

Geheimrat, –es, "e, m., privy counselor.

gehen, ging, gegangen, intr., f., go, walk, move; es wird —, we shall get along; es ging mir beffer, I fared better.

gehören, intr. (dat.), belong, be a part or a member of.

Geift, –es, –er, m., spirit, mind, ghost.

geiftig, adj., mental, spiritual.

geiftvoll, adj., ingenious, clever, witty.

gekränkt, part. adj., hurt, offended.

Gelächter, –s, n., laughter.

gelangen, intr., f., come to, arrive.

Geld, –(e)s, –er, n., money, coin.

Gelbſumme, –, –n, *n.*, sum of money.

gelegen, *part. adj.*, situated.

Gelegenheit, –, –en, *f.*, occasion, opportunity.

gelehrt, *adj.*, learned.

Gelehrt–, *decl. like adj., m.*, scholar.

Geliebt–, *decl. like adj., m. or f.*, lover, sweetheart.

gelingen, a, u, *intr.*, ſ. *(dat.)*, succeed, prosper.

gelten, a, o, *intr.*, be worth, cost; — **für,** pass for; **es gilt,** it holds good; **es gilt mir,** it is aimed at me.

Gemahlin, –, –nen, *f.*, wife.

Gemälde, –s, –, *n.*, painting.

Gemäuer, –s, *n.*, walls; **altes** —, ruins.

Gemeinde, –, –n, *f.*, community, parish.

gemeinſam, *adj.*, in common, joint.

Gemeinwohl, –(e)s, *n.*, general welfare. [tables.

Gemüſe, –s, –e, *n.*, vege-

Gemüt, –(e)s, –er, *n.*, mind, heart, disposition.

gemütlich, *adj.*, agreeable to the mind, pleasant, snug, full of kindly feeling.

genau, *adj.*, exact, accurate, close.

General, –(e)s, *–e, m.*, general.

genießen, genoß, genoſſen, *tr.*, enjoy, take, taste (food), make use of.

genug, *adv.*, enough.

genügend, *adj.*, sufficient.

genügſam, *adj.*, easily satisfied, frugal.

Gepäck, –(e)s, –e, *n.*, baggage.

Gepäckträger, –s, –, *m.*, porter of baggage.

gerade, *adj.*, straight; *adv.*, now, just now; (*in connection with verb*) just.

geräuchert, *part. adj.*, smoked.

geräumig, *adj.*, spacious.

geräuſchlos, *adj.*, noiseless.

gereichen, *intr.* (*with* zu), tend, conduce, redound.

Gericht, –(e)s, –e, *n.*, court, judgment.

gering, *adj.*, small, insignificant, slight.

germaniſch, *adj.*, Germanic.

gern(e), *adv.*, gladly, willingly; **es iſt** — **geſchehen,** you are welcome (to it).

Gerüſte, –s, –, *n.*, scaffold.

geſamt, *adj.*, whole, all.

Geſamteinnahme, –, –n, *f.*, total receipt.

Geſandt–, *decl. like adj., m.*, ambassador.

Geſang, –(e)s, *–e, m.*, song, singing.

Geſangverein, –(e)s, –e, *m.*, singing society, glee club.

Geſchäft, –(e)s, –e, *n.*, business.

Geſchäftsmann, –es, –leute, *m.*, business man.

Geschäftsreise, –, –n, f., business trip.

Geschäftsteilhaber, –s, –, m., partner.

Geschäftszimmer, –s, –, n., office.

geschehen, a, e, intr., s., happen, come to pass; es ist gern —, you are welcome to it.

Geschichtchen, –s, –, n., anecdote. [story.

Geschichte, –, –n, f., history,

Geschirr, –(e)s, –e, n., vessel, crockery ware, utensils.

Geschmack, –s, ⁣"er, m., taste.

geschmackvoll, adj., tasty, tasteful.

Geschmeide, –s, –, n., jewelry, trinkets.

geschmückt, part. adj., decorated, adorned.

Geschoß, –sses, –sse, n., shot, projectile, missile.

geschult, part. adj., trained, instructed, drilled.

gesegnet, part. adj., blessed.

Geselle, –n, –n, m., companion, comrade, mate, journeyman, fellow.

Gesellschaft, –, –en, f., company, society, association.

Gesetz, –es, –e, n., law.

Gesetzesvorschlag, –s, ⁣"e, m., bill, draft of proposed law.

gesetzgebend, adj., legislative.

gesetzlich, adj., legal.

Gesicht, –(e)s, –er and –e, n., face, vision.

Gesichtsfarbe, –, –n, f., complexion.

Gesinnung, –, –en, f., disposition.

Gespräch, –(e)s, –e, n., conversation, talk.

Gestalt, –, –en, f., shape, figure, form.

gestatten, intr., allow, permit.

Gestein, –(e)s, –e, n., stones, rocks.

gestern, adv., yesterday.

Gesuch, –es, –e, n., request, want advertisement.

gesund, adj., healthy, wholesome.

Getränke, –s, –, n., beverage.

Getreide, –s, n., corn, grain.

getreu, adj., faithful.

Geviertmeile, –, –n, f., square mile.

Gewalt, –, –en, f., power, violence.

gewaltig, adj., powerful, mighty.

Gewand, –s, ⁣"er, n., garment, dress.

gewandt, adj., nimble, skillful, smart, versatile.

Gewehr, –(e)s, –e, n., gun, musket, weapon.

geweiht, part. adj., consecrated, sacred.

Gewerbe, –s, –, n., trade.

Gewerbtätigkeit, –, –en, f., industry.

Gewicht, −(e)s, −e, n., weight. [profit.

Gewinn, −(e)s, −e, m., gain,

gewiß, adj., certain, sure of; adv., certainly, for certain.

gewöhnlich, adj., common, usual, customary; adv., commonly.

gewohnt, part. adj., accustomed.

gewölbt, adj., vaulted.

Gewürz, −es, −e, n., spices.

gezogen, see ziehen.

Giebel, −s, −, m., gable.

gießen, goß, gegossen, tr., pour, cast.

ging, see gehen.

Gipfel, −s, −, m., top, summit, crest.

Glacéhandschuh, see Glanzhandschuh.

glänzend, adj., shining, glittering, brilliant.

Glanzhandschuh, −(e)s, −e, m., kid glove.

Glas, −es, −er, n., glass.

Glashütte, −, −n, f., glassworks, glass factory.

glatt, adj., smooth, slippery.

Glaube, −ns, m., belief, faith, creed.

glauben, tr. (dat. of person), believe, trust, think; with an, believe in.

gleich, adj., like, alike, same; adv., equally; at once, directly.

gleichfalls, adv., also, likewise.

Glöckchen, −s, −, n., little bell.

Glockenschlag, −(e)s, −e, m., sound, signal of a bell.

Glück, −(e)s, n., (good) luck, fortune, happiness; zum —, fortunately.

Gnade, −, f., mercy, favor.

golden, adj., golden.

Goldfisch, −(e)s, −e, m., goldfish.

Goldschmied, −(e)s, −e, m., goldsmith; —ekunst, art of the goldsmith.

gotisch, adj., Gothic.

Gott, −es, −er, m., God.

Gottesfurcht, f., fear of God.

Grab, −(e)s, −er, n., grave.

Graben, −s, −, m., ditch.

Grab(in)schrift, −, −en, f., inscription on a tombstone, epitaph.

Grabmal, −(e)s, −er, n., tomb, sepulcher.

Grabstätte, −, −n, f., tomb, sepulcher.

Graf, −en, −en, m., count.

Grafenwert, proper name, 'count's island,' name of an islet in the Rhine.

Gräfin, −, −nen, f., countess.

Gram, −s, m., grief.

grau, adj., gray.

Grau(e)n, −s, n., dread, awe.

greis, adj., old.

Greis, −es, −e, m., old man.

Grenze, −, −n, f., boundary.

grob, adj., coarse, rude.

groß, größer, größt−, adj.,

great, large, tall, big,
grand.
großartig, *adj.*, magnificent.
Größe, –, –n, *f.*, greatness,
magnitude, size.
Großherzog, –s, ⁔e, *m.*,
grand duke.
Gruft, –, ⁔e, *f.*, vault, crypt,
sepulcher.
grün, *adj.*, green.
Grund, –(e)s, ⁔e, *m.*,
ground, bottom, lowland;
grounds, basis, reason.
Grundbesitzer, –s, –, *m.*, property holder, landed pro-
prietor.
gründen, *tr.*, found.
Gründer, –s, –, *m.*, founder.
Grundfläche, –, –n, *f.*, base,
area.
gründlich, *adj.*, profound,
thorough, deep.
Grundmauer, –, –n, *f.*, foundation wall.
Gründung, –, –en, *f.*, foundation.
Gruppe, –, –n, *f.*, group.
Gruß, –es, ⁔e, *m.*, greeting,
salutation.
grüßen, *tr.*, greet, welcome.
Gulden, –s, –, *m.*, florin (a
coin).
günstig, *adj.*, favorable.
Gußstahl, –s, *m.*, cast steel.
gut (besser, best)., *adj.*, good.
Gut, –es, ⁔er, *n.*, good; estate, property, farm.
Güte, –, *f.*, kindness, good-
ness.

gütig, *adj.*, kind, gentle.
gütigst, *adv.*, kindly; erlauben Sie —, pray, permit
me.
gutmütig, *adj.*, good-natured.
Gymnasiast, –s, –en, *m.*, pupil of a gymnasium (Latin
high school).

H

Haar, –(e)s, –e, *n.*, hair.
haben, hatte, gehabt, *tr.*,
have, possess.
hacken, *tr.*, hack, chop, hoe,
peck.
Hafen, –s, ⁔, *m.*, port, harbor; pot.
halb, *num. adj.*, half.
Hälfte, –, –n, *f.*, half, middle.
Hals, –es, ⁔e, *m.*, neck,
throat.
Halt, –(e)s, –e, *m.*, hold,
stop, support; — machen,
stop.
halten, ie, a, *tr.*, hold, keep,
maintain, deem, think;
intr., stop, halt, last.
Haltung, –, *f.*, attitude, keep-
ing, deportment.
Hamburg, *proper name*, Han-
seatic city on the Elbe.
Hamburger, –s, –, *m.*, inhabitant of Hamburg; *adj.
indecl.*, coming from *or*
belonging to Hamburg.
Hammelfleisch, –es, *n.*, mut-
ton.

Hammer, -s, ⸗, m., hammer.

Hand, -, ⸚e, f., hand.

Handarbeit, -, -en, f., manual labor, handiwork, needlework.

Handel, -s, m., commerce, trade; pl. Händel, quarrels.

handeln, intr., act, behave; trade, bargain, haggle.

Handelsstadt, -, ⸚e, f., commercial city.

Handgelenk, -s, -e, n., wrist.

Handgepäck, -(e)s, -e, n., hand baggage, parcel.

Händler, -s, -, m., dealer, tradesman.

Handlung, -, -en, f., action, transaction, business, firm.

Handlungsdiener, -, -, m., store clerk.

Handschlag, -s, m., handshake.

Handschuh, -s, -e, m., glove.

Handwerk, -(e)s, -e, n., trade.

Handwerker, -s, -, m., man employed in a handicraft, artisan.

Handwerksbursche, -n, -n, m., journeyman.

hängen, i, a, tr. and intr., hang, hang up, be attached to, suspend.

Hannover, proper name, Hanover, a province and city in Prussia.

Hannoveraner, -s, -, m., inhabitant or native of Hanover.

Hansa, f., proper name, meaning 'Bund', a confederacy of commercial towns.

Harfe, -, -n, f., harp.

Häring, -s, -e, m., herring.

harmlos, adj., harmless.

harren, intr., wait; with gen. or acc. (auf), wait for.

hart, adj., hard.

Harzgebirge, -s, n., the Harz mountains.

hassen, tr., hate.

häßlich, adj., ugly.

Haube, -, -n, f., hood.

Hauch, -es, -e, m., breath; breeze.

hauen, hieb, gehauen, tr., hew, cut.

häufig, adv., often, frequently.

Haupt, -es, ⸚er, n., head, chief.

Haupteingang, -s, ⸚e, m., main entrance, portal.

Hauptfest, -es, -e, n., principal festival.

Hauptpost, -, f., main post office.

hauptsächlich, adv., mainly, principally.

Hauptstadt, -, ⸚e, f., capital.

Haus, -es, ⸚er, n., house.

hausen, intr., live, reside; übel —, cause great havoc.

Hausgerät, -(e)s, -e, n., furniture.

Hausschuh, -(e)s, -e, m., slipper.

Heer, -es, -e, n., army, host.
hegen, tr., enclose, harbor, cherish.
Heide, -, -n, f., heath; —berg, hill rising above the heath; —blume, flower of the heath, heather.
Heide, -n, -n, m., heathen, pagan.
Heidelbeerstaude, -, -n, f., huckleberry bush.
Heidelberg, proper name, city in the Palatinate (Baden).
Heil, -s, n., welfare.
Heiland, -s, m., Savior.
Heilanstalt, -, -en, f., sanatorium.
heilen, tr. and intr., heal, cure.
heilig, adj., holy, sacred.
Heilig, decl. like adj., m., saint.
Heiligkeit, -, f., holiness, sanctity, sacredness.
Heilung, -, -en, f., healing, cure.
heim, adv., home, homeward.
Heim, -(e)s, -e, n., home.
Heimat, -, -en, f., home, native place or country.
heimlich, adj., secret, private, clandestine.
Heimweg, -(e)s, -e, m., way home.
Heimweh, -(e)s, n., homesickness.
heiraten, tr., marry.
heiß, adj., hot, fervent.

heißen, ie, ei, intr., to be called or named; tr., to bid, direct.
heiter, adj., gay, cheerful, pleasant, clear, bright.
Heiterkeit, -, f., clearness, brightness, serenity, gayety.
Held, -en, -en, m., hero, champion.
helfen, a, o, intr., with dat., help, assist.
hellblau, adj., light blue.
hellblond, adj., light blond, fair.
hellgrün, adj., light green.
Hemdärmel, -s, -, m., shirt sleeve.
her, adv. and sep. pref., hither, toward the speaker, here.
herab', adv. and sep. pref., down from, down.
heran', adv. and sep. pref., hither on, near, up to.
heran'=kommen, kam -, -gekommen, intr., s., approach, come near.
heraus', adv. and sep. pref., out here, out of, out.
heraus'=geben, a, e, tr., give, hand out, deliver, give the change; edit, publish.
herbei', adv. and sep. pref., hither, near by.
Herbst, -es, -e, m., harvest, vintage, autumn.
Herbstanzug, -(e)s, *e, m., fall suit.

Herbſtwetter, –s, *n.*, fall
   weather.   [fireplace.
Herd, –es, –e, *m.*, hearth,
Herdrand, –(e)s, *m.*, the
   edge of the hearth.
herein', *adv. and sep. pref.*,
   in, into.
herein'=fallen, fiel –, –gefal=
   len, *intr.*, ſ., fall into the
   snare.
her'=gehen, ging –, –gegan=
   gen, *intr.*, ſ., come to pass;
   es geht hoch her, they are
   having a good time.
Herkunft, –, ̈e, *f.*, origin,
   descent, arrival.
Hermannsdenkmal, –s, *n.*,
   monument to Hermann.
hernieder, *adv.*, down, downward.
Herr, –n, –en, *m.*, ruler,
   gentleman; Lord; Mr.,
   sir, master.
Herrgottswinkel, –s, –, *m.*,
   'the Lord's corner,' corner
   of the room where the
   crucifix hangs.
herrlich, *adj.*, glorious, magnificent, splendid.
Herrſchaft, –, –en, *f.*, do-
   minion, power, authority,
   sway; master and mistress.
herrſchen, *intr.*, rule, govern,
   reign, prevail.
Herrſcher, –s, –, *m.*, ruler.
her'=ſtellen,   *tr.*,   produce,
   manufacture, make.
Herſtellung, –, –en, *f.*, production, manufacture.

herüber, *adv. and sep. pref.*,
   across hither, over, to the
   person speaking.
herum', *adv. and sep. pref.*,
   round,   around,   round
   about.
herumgeführt, *part.*, taken
   about.
herun'ter, *adv. and sep. pref.*,
   down from, downward.
hervor', *adv. and sep. pref.*,
   forth, forward, out.
hervor'=gehen, ging –, –ge=
   gangen, *intr.*, ſ., go forth,
   come out of, proceed.
hervor'=rufen, rief –, –geru=
   fen, *tr.*, call forth, evoke.
hervor'=treten, trat –, –getre=
   ten, *intr.*, ſ., step forth,
   project, show itself.
Herz, –ens, –en, *n.*, heart;
   das — geht mir auf, my
   heart is touched *or* re-
   joices.
herzen, *tr.*, caress, press to
   the heart.
Herzensgüte, –, *f.*, kindness
   of heart.
herzlich, *adj.*, hearty, cordial.
Herzog, –(e)s, –e and ̈e, *m.*,
   duke.
Herzogin, –, –nen, *f.*,
   duchess.
Heu, –(e)s, *n.*, hay.
heulen, *intr.*, howl, yell.
heut(e), *adv.*, to-day.
Hexe, –, –n, *f.*, witch.
Hieb, –(e)s, –e, *m.*, blow.
hier, *adv.*, here, in this place.

hiermit', *adv.*, herewith, hereby.

hierzu', *adv.*, hereto, to this.

Hilfe, –, *f.*, help, assistance.

Himmel, –s, –, *m.*, sky, heaven.

Himmelszelt, –s, *n.*, canopy of heaven, firmament.

himmelwärts, *adv.*, heavenward.

hin, *adv. and sep. pref.*, hence, thither, along, away.

hinab', *adv. and sep. pref.*, down, downward.

hinauf', *adv. and sep. pref.*, up, up there.

hinaus', *adv. and sep. pref.*, out, out there, out hence.

hindern, *tr.*, hinder, prevent.

hindurch', *adv. and sep. pref.*, through, through and out.

hinein', *adv. and sep. pref.*, in, into.

hinten, *adv.*, behind, in the background.

hinter, *prep. with dat. or acc.*, behind, rear.

hinterlas'sen, ie, a, *tr.*, leave, bequeath.

hinweg', *adv.*, away, hence, off.

hinzu'=fügen, *tr.*, add, join.

Hirsch, –(e)s, –e, *m.*, stag.

Hitze, –, *f.*, heat.

höflich, *adj.*, polite.

Höhe, –, –n, *f.*, height, summit.

Höhle, –, –n, *f.*, cave.

Höllental, *n.*, *proper name*, a valley of the Black Forest.

hölzern, *adj.*, wooden.

hören, *tr. and intr.*, hear, listen.

hoch (höher, höchst–), *adj.*, high, lofty, tall, great, noble.

hochachtungsvoll, *adv.*, very respectfully.

Hochbahn, –, –en, *f.*, elevated road.

hochdeutsch, *adj.*, High German.

Hochebene, –, –n, *f.*, tableland, plateau.

Hochschule, –, –n, *f.*, high school, university.

Hochzeit, –, –en, *f.*, wedding.

Hochzeitszug, –(e)s, ⁺e, *m.*, bridal procession.

Hof, –(e)s, ⁺e, *m.*, court, yard, farm.

Hofball, –(e)s, ⁺e, *m.*, court ball.

hoffen, *tr. and intr.*, hope, expect, look for.

Hoffnung, –, –en, *f.*, hope.

Hofnarr, –en, –en, *m.*, court fool, jester.

hoh–, see hoch.

Hoheit, –, *f.*, highness, majesty.

hohenstaufisch, *adj.*, belonging to the Hohenstaufen dynasty.

Hohenzollern, *proper name*, a castle in Swabia that gave its name to the fam-

ily to which the German
emperor belongs.

hold, *adj.,* gracious, sweet,
amiable, propitious.

holen, *tr.,* fetch, haul, go for.

Holland, *-s, n.,* Holland.

Holzhändler, *-s, -, m.,* dealer
in wood, lumber merchant.

Holzhauer, *-s, -, m.,* wood-
cutter, lumberman.

Holzschnitt, *-es, -e, m.,* wood-
cut.

Holzschnitzer, *-s, -, m.,* wood-
carver.

Holzschnitzerei, *-, -en, f.,*
woodcarvings.

horchen, *intr.,* listen, harken.

Hose, *-, -n, f.,* pantaloons,
trousers.

hübsch, *adj.,* pretty, nice.

Hügel, *-s, -, m.,* hill.

Hunger, *-s, m.,* hunger.

Hungersnot, *-, f.,* famine.

hungrig, *adj.,* hungry.

Husar, *-en, -en, m.,* hussar.

husten, *intr.,* cough.

Hut, *-(e)s, ˮe, m.,* hat.

Hütte, *-, -n, f.,* hut, cottage.

J (i)

ich, *pron.,* I.

ihm, *dat. of* er, to him, to it.

ihn, *acc. of* er, him, it.

ihnen, *dat. pl. of* sie, to
them; **Ihnen,** to you.

ihr, *pers. pron., dat. sing. of*
sie, to her; *nom. pl.,* you;
poss. pron., her, their;
Ihr, *poss.,* your.

ihrer, *gen. sing. of* sie; *gen.
pl.,* of them; **Ihrer,** of
you; *gen. sing. and pl. of
poss. pron.,* of her, of
their; **Ihrer,** of your.

im *for* in dem.

immer *or* **immerdar,** *adv.,*
always, ever.

in, *pref. (dat. and acc.),* in,
into.

Industriestadt, *-, ˮe, f.,* industrial city.

infolge, *prep. w. gen.,* in
consequence of.

Ingenieur, *-s, -e, m.,* engineer.

Inland, *-(e)s, n.,* inland.

inmitten, *prep.,* in the midst
of.

inner-, *adj.,* inner.

Innere, *-n, n.,* interior.

innig, *adj.,* cordial, intimate,
warm.

Inschrift, *-, -en, f.,* inscription.

Insel, *-, -n, f.,* island; *dim.,*
—**chen,** *-s, n.,* islet.

Instrument, *-(e)s, -e, n.,*
instrument.

inzwischen, *adv.,* in the
meantime.

irgend, *indef. adv.,* any,
some; — **ein,** any one;
— **wo,** anywhere.

Irrtum, *-(e)s, ˮer, m.,* er-
ror, mistake.

irrtümlich, *adj.,* erroneous.

Jfar, f., *proper name*, river in Bavaria.

Italien, -ß, n., *proper name*, Italy.

J (j)

ja, *adv.*, yes; *when stressed*, to be sure, indeed; *when unstressed*, why, you know.

Jacke, -, -n, f., jacket.

Jagdgrund, -eß, "e, m., hunting ground.

jagen, *tr.*, chase, hunt.

Jägertracht, -, -en, f., costume of a hunter.

Jahr, -(e)ß, -e, n., year.

Jahrhundert, -ß, -e, n., century.

jährlich, *adj.*, yearly.

jauchzen, *intr.*, shout (for joy).

jawohl, *adv.*, certainly, yes.

je, *adv.*, ever.

jeder, -e, -eß, *adj. and indef. pron.*, each, every, each one.

jedermann, *pron.*, everyone, everybody.

jedeßmal, *adv.*, every time.

jedoch, *adv.*, however, yet, nevertheless.

jemand, *pron.*, somebody, some one.

Jena, *proper name*, a city in the grand duchy of Saxony-Weimar.

jener, -e, -eß, *dem. pron.*, that, that one, the former.

jetzt, *adv.*, now.

jetzig, *adj.*, present.

Jodler, -ß, -, m., yodel, a peculiar song.

Jubel, -ß, m., exultation, jubilation.

Jugend, -, f., youth.

jugendlich, *adj.*, youthful.

Juli, m., July. •

jung (jünger, jüngst), *adj.*, young, youthful.

Junge, -n, -n, m., youth, boy.

Jungfrau, -, -en, f., maiden, virgin.

Jürgen, *proper name*, dialect form for George.

K

Kachelofen, -ß, ", m., tile stove.

Käfer, -ß, -, m., bug, beetle.

Kaffee, -ß, m., coffee.

Kaffeegesellschaft, -, -en, f., coffee party.

Kaffeekränzchen, -ß, -, n., coffee club, coffee party.

Kaffeekuchen, -ß, -, m., coffee cake.

Kaffeeschwester, -, -n, f., person fond of coffee.

kahl, *adj.*, bald, barren.

Kahn, -(e)ß, "e, m., boat, skiff.

Kaiser, -ß, -, m., emperor.

Kaisergeschlecht, -ß, -er, n., imperial family.

kaiserlich, *adj.*, imperial.

Kaiſerkrone, –, *f.,* imperial crown.

Kaiſerpalaſt, –es, ˟e, *m.,* imperial palace.

Kaiſerwürde, –, *f.,* imperial dignity.

Kajüte, –, –n, *f.,* cabin.

Kajütenpaſſagier, –(e)s, –e, *m.,* cabin passenger.

Kalb, –(e)s, ˟er, *n.,* calf.

Kalbfleiſch, –(e)s, *n.,* veal.

Kalbsbraten, –s, *m.,* roast veal.

Kalbskotelett, –s, –en, *n.,* veal cutlet, veal chop.

Kalbsrippchen, –s, –, *n.,* veal chop.

kalt, *adj.,* cold.

kam, *see* **kommen.**

Kamerad, –en, –en, *m.,* comrade, roommate, fellow, chum.

Kamm, –(e)s, ˟e, *m.,* comb.

kämmen, *tr.,* comb.

Kammer, –, –n, *f.,* cabin, chamber, room.

Kampf, –es, ˟e, *m.,* combat, struggle.

kämpfen, *intr.,* fight, combat.

Kampfübung, –, –en, *f.,* gymnastic exercise, military drill.

Kanal, –(e)s, ˟e, *m.,* canal.

Kannen- (or **Büchſen-**) **Gemüſe,** –s, –, *n.,* canned vegetables.

Kanone, –, –n, *f.,* cannon.

Kanzler, –s, –, *m.,* chancellor.

Kapelle, –, –n, *f.,* chapel; musical band.

Kapitän, –s, –e, *m.,* captain.

karg, kärglich, *adj.,* sparing, stingy, tight, poor, low.

Karl, *proper name,* Charles.

Karlsruhe, *proper name,* capital of the grand duchy of Baden.

Karnevalszug, –(e)s, ˟e, *m.,* carnival procession.

Karte, –, –n, *f.,* card, map.

Kartoffel, –, –n, *f.,* potato.

Kartoffelernte, –, *f.,* harvest of potatoes.

Käſe, –s, –, *m.,* cheese.

Kaſerne, –, –n, *f.,* barracks.

Kaſernenhof, *m.,* barrack yard.

Kaſten, –s, ˟, *m.,* box.

katholiſch, *adj.,* catholic.

Katze, –, –n, *f.,* cat.

kaufen, *tr.,* buy, purchase.

Kaufhaus, –es, ˟er, *n.,* department store.

Kaufmann, –(e)s, **Kaufleute,** *m.,* merchant.

kaum, *adv.,* hardly, scarcely.

Kehle, –, –n, *f.,* throat; **die — zuſchnüren,** choke, strangle.

kein-, *num. adj.,* not any.

Kellner, –s, –, *m.,* waiter.

kennen, kannte, gekannt, *tr.,* know, be acquainted.

Kenntnis, –, –ſſe, *f.,* knowledge. [bars.

Kerkergitter, –s, –, *n.,* prison

Kette, –, –n, *f.,* chain.

Kiel, *proper name*, a German city on the Baltic Sea.

Kilo, –s, *n.*, kilogram, two pounds.

Kilometer, –s, –, *m.*, kilometer, 1000 meters (= about five eighths of a mile).

Kind, –es, –er, *n.*, child.

Kindermädchen, –s, –, *n.*, child's nurse.

Kinn, –es, *n.*, chin.

Kinzigtal, valley of the river Kinzig.

Kirche, –, –n, *f.*, church.

Kirchhof, –(e)s, ⁺e, *m.*, graveyard, cemetery.

kirchlich, *adj.*, belonging *or* pertaining to the church.

Kirchsteig, –s, *m.*, church-way, path leading to the church.

Kirchweihe, *f.*, anniversary of the consecration *or* dedication of a church.

klar, *adj.*, clear, bright.

Klarinette, –, –n, *f.*, clari-(o)net.

Klasse, –, –n, *f.*, class.

klatschen, *intr.*, clap, applaud; gossip.

Klaviervortrag, –(e)s, ⁺e, *m.*, performance on the piano.

Kleid, –es, –er, *n.*, dress, clothes.

Kleidung, –, *f.*, garment, dress, clothes.

klein, *adj.*, little, small.

Kleinod, –s, –e or –ien, *n.*, jewel, trinket, gem.

klettern, *intr.*, f., climb.

Klima, –s, *n.*, climate.

klingen, a, u, *intr.*, sound, ring, resound.

klirren, *intr.*, clash, clink, clatter. [convent.

Kloster, –s, ⁺, *n.*, cloister,

klug (klüger, klügst–), *adj.*, prudent, intelligent.

Knabe, –n, –n, *m.*, boy.

Knabenschwarm, –s, ⁺e, *m.*, crowd of boys.

Knabenstimme, –, –n, *f.*, voice of a boy. '

knieen, *intr.*, kneel (down).

Knopf, –(e)s, ⁺e, *m.*, button, knob.

kochen, *tr.*, cook, boil.

Koffer, –s, –, *m.*, trunk.

Kohle, –, –n, *f.*, coal.

Kohlenteer, –s, –e, *m.*, coal tar.

Köln, *proper name*, Cologne, a city on the Rhine.

Kölnisch, *adj.*, of Cologne, belonging to Cologne; — Wasser, eau de Cologne.

Kolonisierung, –, *f.*, colonization.

komisch, *adj.*, comical.

kommen, kam, gekommen, *intr.*, f., come; — lassen, send for.

Kommers, –ses, –e, *m.*, drinking bout, banquet.

Kommode, –, *f.*, bureau.

Komödie, –, –n, *f.*, comedy.

Komponist, –en, –en, *m.,* composer.

Konditorei, –, –en, *f.,* confectionery.

König, –s, –e, *m.,* king.

Königin, –, –nen, *f.,* queen.

Königreich, –s, –e, *n.,* kingdom.

können, **kann,** **konnte,** **ge-konnt,** *mod. aux.,* can, be able, may.

Konstanz, *proper name,* Constance, a city in Baden.

Konzert, –(e)s, –e, *n.,* concert.

Kopf, –(e)s, ˣe, *m.,* head.

Kopfkissen, –s, –, *n.,* pillow.

Kopfwunde, –, –n, *f.,* wound on the head, scalp wound.

Korb, –(e)s, ˣe, *m.,* basket.

Kornblume, –, –n, *f.,* bluebottle, Centaurea; blue flower belonging to the aster family and growing in cornfields.

Körperübung, –, –en, *f.,* athletic exercise.

Korpsstudent, –en, –en, *m.,* student belonging to a club or fraternity.

Kost, –, *f.,* food, board.

kosten, *tr.,* cost.

Kosten, *pl.,* costs, expenses.

Kosthaus, –es, ˣer, *n.,* boarding house.

köstlich, *adj.,* costly, precious, dainty, delicious.

Krach, –(e)s, –e, *m.,* crash.

Kraft, –, ˣe, *f.,* strength, power, force.

kräftig, *adj.,* strong, vigorous, nourishing.

Krähe, –, –n, *f.,* crow.

Krämerladen, –s, ˣ, *m.,* grocery store.

krank, *adj.,* sick, ill.

kränken, *tr.,* offend.

Krankenhaus, –es, ˣer, *n.,* hospital.

Kranz, –es, ˣe, *m.,* wreath.

kraus, *adj.,* curly, frowning (forehead).

Krefeld, *proper name,* city in Rhenish Prussia.

Kreuz, –es, –e, *n.,* cross, crucifix; **kreuz und quer,** in a zigzag line, a zigzag trip.

kreuzen, *tr.,* cross, traverse, cruise.   [sade.

Kreuzzug, –(e)s, ˣe, *m.,* crusade.

Krieg, –(e)s, –e, *m.,* war.

Krieger, –s, –, *m.,* warrior.

kriegerisch, *adj.,* warlike.

Kriegsheld, –en, –en, *m.,* war hero.

Kriegsflotte, –, –n, *f.,* navy.

Kriegshafen, –s, ˣ, *m.,* harbor for men-of-war.

Kriegsheer, –es, –e, *n.,* army.

Kriegskunst, –, ˣe, *f.,* art of war, strategy.

Kritiker, –s, –, *m.,* critic.

krönen, *tr.,* crown.

Kruzifix, –es, –e, *n.,* crucifix, cross.

Küche, –, –n, *f.,* kitchen.

Kuchen, –s, –, *m.,* cake.

Küchenfenster, –s, –, *n.,* kitchen window.

kühl, *adj.*, cool.
kühlen, *tr.*, cool.
kühn, *adj.*, brave, bold.
kühnlich, *adv.*, bravely.
kümmern, *tr.*, grieve, concern; *refl.*, sich — um etwas, be concerned about.
kundig, *adj.*, knowing, skillful, experienced.
Kunst, –, ⸚e, *f.*, art.
Kunstfleiß, –es, *m.*, industry.
Kunsthandlung, –, –en, *f.*, art store.
Künstler, –s, –, *m.*, Künstlerin, –, –nen, *f.*, artist.
künstlerisch, *adj.*, artistic.
künstlich, *adj.*, artificial.
Kunstschatz, –es, ⸚e, *m.*, art treasure.
kunstvoll, *adj.*, artistic.
Kunstwerk, –(e)s, –e, *n.*, work of art.
Kurfürst, –en, –en, *m.*, prince elector.
kurz, *adj.*, short.
küssen, *tr.*, kiss.
Küste, –, –n, *f.*, coast.
Kutsche, –, –n, *f.*, coach, carriage.
Kutscher, –s, –, *m.*, coachman.
Kyffhäuser, *proper name*, mountain in Thuringia.

L

Laboratorium, –s, –en, *n.*, laboratory.
lächeln, *intr.*, smile.

lachen, *intr.*, laugh.
laden, u, a, *tr.*, lade, load, charge; summon.
Laden, –s, ⸚, *m.*, store.
Ladendiener, –s, –, *m.*, store clerk. [summons.
Ladung, –, –en, *f.*, load;
Lage, –, –n, *f.*, situation.
Lager, –s, –, *n.*, couch, camp, bed, layer.
Land, –(e)s, ⸚er, *n.*, land, country; Lande, *poetical plural form for* Länder.
landen, *intr.*, land.
Landgraf, –en, –en, *m.*, landgrave.
Landhaus, –es, ⸚er, *n.*, country house, villa.
Landkarte, –, –n, *f.*, map.
Landmann, –s,, *pl.*, Landleute, *m.*, farmer.
Landschaft, –, –en, *f.*, landscape.
Landsmann, –(e)s, –leute, *m.*, Landsmännin, –, –nen, *f.*, compatriot.
Landstraße, –, –n, *f.*, highway, turnpike.
Landtag, –s, –e, *m.*, diet, assembly.
Landung, –, *f.*, landing.
Landwehr, –, –en, *f.*, militia.
Landwirt, –(e)s, –e, *m.*, farmer.
lang (länger, längst), *adj.*, long.
Länge, –, *f.*, length.
längs, *prep.* (*gen. or dat.*), along.

langsam, *adj.,* slow; *adv.,* slowly.

lassen, ie, a, *tr.,* let, leave, cause *or* allow to be done, relinquish.

lästig, *adj.,* troublesome.

lateinisch, *adj.,* Latin.

Laube, –, –n, *f.,* arbor, bower.   [way.

Lauf, –s, ⸗e, *m.,* course, run,

laufen, ie, au, *intr.,* s., run.

launig, *adj.,* humorous.

lauschen, *intr.,* listen.

laut, *adj.,* loud, aloud; — **werden,** be heard.

lauten, *intr.,* sound, purport, run.

läuten, *intr.,* ring.

Lazaret, es, –e, *n.,* hospital.

leben, *intr.,* live, dwell.

Leben, –s, –, *n.,* life.

Lebensmittel, –s, –, *n.,* victuals, provisions.

lebenswahr, *adj.,* true to life.

Lebensweisheit, –, *f.,* wisdom of life.

Lebenszeit, –, *f.,* time of life, lifetime.

Lebewohl, –(e)s, *n.,* farewell.

lebhaft, *adj.,* lively.

Lebkuchen, –s, –, *m.,* a sweet cake, honey cake.

Leder, –s, –, *n.,* leather.

Lederschürze, –, –n, *f.,* leather apron.

leer, *adj.,* empty, vacant; **das Leere,** the empty space.

legen, *tr.,* lay, put.

lehnen, *tr.,* lean; *refl.,* sich —, recline, lean against.

Lehre, –, –n, *f.,* teaching, doctrine, lesson.

Lehrer, –s, –, *m.,* **Lehrerin,** –, –nen, *f.,* teacher.

Lehrling, –s, –e, *m.,* apprentice.

Leib, –es, –er, *m.,* body.

Leichnam, –(e)s, –e, *m.,* corpse.

leicht, *adj.,* light, easy, slight.

Leid, –(e)s, *n.,* sorrow, grief; **es ist** *or* **tut mir leid,** I am sorry for it, I regret.

leiden, litt, gelitten, *tr.,* suffer, endure.

Leiden, –s, –, *n.,* suffering, affliction, disease.

leider, *interj.,* alas, unfortunately.

Leineweber, –s, –, *m.,* linen weaver.

Leipzig, *proper name,* Leipzig, a city in the kingdom of Saxony.

leise, *adj.,* low, soft, gentle.

leiten, *tr.,* guide, direct, superintendent.

Leiter, –, –n, *f.,* ladder.

Leitung, –, –en, *f.,* guidance, conduction, direction, government.

Lenz, –(e)s, –e, *m.,* spring.

lernen, *tr. and intr.,* learn.

Lesehalle, –, –n, *f.,* reading room.

lefen, a, e, tr., read.

letzt, adj., latest, last.

letzter–, adj., the latter.

leuchten, intr., shine, gleam.

Leute, pl., people, men.

Leutnant, –s, –e, m., lieutenant.

Licht, –(e)s, –e or er, n., light, candle.

lichten, tr., light, light up, clear; refl., become clear.

lieb, adj., dear, beloved, pleasing, sweet.

Liebe, –, f., love.

lieben, tr., love, like.

liebenswürdig, adj., worthy of love, amiable.

lieblich, adj., lovely.

Liebling, –s, –e, m., favorite; Lieblingsdichter, favorite poet.

Lied, –(e)s, –er, n., song.

liefern, tr., furnish, produce.

liegen, a, e, intr., lie, be situated.

ließ, see lassen.

Limonade, –, f., lemonade.

Lindau, proper name, a Bavarian city on the Lake of Constance.

lind(e), adj., soft, mild, gentle.

Linde, –, –n, f., linden tree.

Lindenblatt, –(e)s, *er, n., linden leaf.

Lindenwirt, –s, m., landlord of the linden inn.

Linke, –n, f., the left hand.

links, link–, adj., left.

Linse, –, –n, f., lentil; (optics) lens. [trick.

List, –, –en, f., cunning, ruse,

Liste, –, –n, f., list.

Litfaßsäule, –, –n, f., a column bearing placards or posters.

Litteratur', –, –en, f., literature.

Lloyd, –s, m., name of maritime companies.

Lob, –es, n., praise.

Locke, –, –n, f., curl.

locken, tr., entice, decoy.

Löffel, –s, –, m., spoon.

Lohn, –(e)s, *e, m., reward, wages.

Lokal, –(e)s, –e, n., place, locality, establishment, hall.

Lokomotive, –, –n, f., locomotive.

Lorbeerkranz, –es, *e, m., laurel wreath.

Lorelei, '–, f., proper name, a siren and an echoing rock on the bank of the Rhine.

Lorle, n., proper name, dim. of Leonora.

los, adj., loose; was ist —? what is the matter? what is going on? adv., forward! go!

löschen, tr., discharge, extinguish, quench.

Lotse, –n, –n, m., pilot.

Lotsenboot, –es, –e, n., pilot boat.

Löwe, –n, –n, m., lion.
Luft, –, ⁕e, f., air, atmosphere.
Luftpumpe, –, –n, f., air pump.
Lüneburg, proper name, a city in northwestern Germany.
Luftgang, –(e)s, ⁕e, m., avenue, promenade.
Luftgarten, –s, ⁕, m., pleasure garden, park.
luftig, adj., merry, jolly, gay.
Luftspiel, –(e)s, –e, n., comedy.

M

machen, tr., make, do; einen Sprung —, take a leap.
Macht, –, ⁕e, f., power.
mächtig, adv., mighty, powerful, great.
Mädchen, –s, –, n., girl.
mag, see mögen.
Magdeburg, proper name, a city in Prussia.
Mahlzeit, –, –en, f., mealtime, meal; gesegnete —! I hope you may enjoy or have enjoyed your meal.
Mainbrücke, –, –n, f., bridge across the Main.
Mainz, proper name, Mayence, a Hessian city on the rivers Main and Rhine.
Mainzer, –s, –, m., citizen of Mayence.
Majestät, –, –en, f., majesty.

majestätisch, adj., majestic; adv., majestically.
Mal, –(e)s, ⁕er, n., time, mark, sign; mit einem Male, all at once.
'mal (einmal'), adv., just.
malen, tr., paint, color, stain.
malerisch, adj., picturesque.
man, indef. pron., one, they, a man, people.
manch– (–er, –e, –s), indef. pron., many a, many.
manchmal, adv., many a time.
Mangel, –s, ⁕, m., lack, want, defect. [husband.
Mann, –(e)s, ⁕er, m., man,
Männerstimme, –, –n, f., male voice.
Mannheim, proper name, a city of Baden on the rivers Neckar and Rhine.
Mantel, –s, ⁕, m., cloak.
Märchen, –s, –, n., fairy tale, tale, story.
Marienplatz, –es, m., proper name, Saint Mary Square.
Mark, –, –en, f., boundary, border country, district; –, –, f., a German coin.
Mark, –(e)s, n., marrow, pith.
märkisch, adj., belonging to the Mark or borderland of Brandenburg.
Marktplatz, –es, ⁕e, m., market place.
marmelsteinern, adj., of marble.

Marmor, –8, m., marble.
Marmorplatte, –, –n, f.,
  marble top.
Marsch, –(e)8, ˮe, m.,
  march.
Marsch, –, –en, f., marsh.
marschieren, intr., march.
Maschine, –, –n, f., machine,
  engine.
Maschinenbauer or –techni-
  ker, –8, –, machinist, tech-
  nical engineer.
Maskenzug, –(e)8, ˮe, carnival procession.
mäßig, adj., moderate, tem-
  perate.
Mauer, –, –n, f., wall.
Mauerbogen, –8, ˮ, m., arch
  of a wall.   [muzzle.
Maul, –(e)8, ˮer, n., mouth,
Maure, –n, –n, m., Moor.
Maus, –, ˮe, f., mouse.
Medizin, –, –en, f., medicine.
Meer, –(e)8, –e, m., sea.
mehr, adv., more.
Mehrer, –8, –, m., aug-
  menter, Augustus.
mehrere, adj., several.
mein, poss. pron., my, mine.
meinen, tr. and intr., mean,
  think, remark, mean to
  say.
meinig–, pron. adj., mine.
meist, adv., most, mostly.
Meister, –8, –, m., master.
Meistersinger, –8, –, m.,
  mastersinger.
Meisterstück, –(e)8, –e, n.,
  masterpiece.

Melodei = Melodie, –, –en,
  f., melody.   [titude.
Menge, –, f., quantity, mul-
Mensch, –en, –en, m., man,
  mankind, human being.
Mensur, –, –en, f., fencing
  ground, fencing bout, students' duel.
merken, tr., mark, notice.
merklich, adj., perceptible.
merkwürdig, adj., remark-
  able.
Messe, –, –n, f., mass, fair.
messen, maß, gemessen, tr.,
  measure.
Messer, –8, –, n., knife.
Messerklinge, –, –n, f., blade
  of a knife.
Metall, –(e)8, –e, n., metal.
Metzgerei, –, –en, f., butcher
  shop.
mich, pers. pron., acc. of ich,
  me, myself.
Michel, prop. name, Michael.
Mieder, –8, –, n., bodice.
Miete, –, f., rent.
Mietwagen or Mietkutsche,
  hack.
Milch, –, f., milk.
mild, adj., mild, gentle,
  charitable.
Militär, –(e)8, –e, n., soldiers, military, army; —-
  kapelle, –, –n, f., military
  band.
Million, –, –en, f., million.
mindestens, adv., at least.
Minister, –8, –, m., minister,
  Secretary of State.

Ministerium, -s, -ien, n.,
ministry, cabinet.
Minnesänger, -s, -, m.,
minnesinger, troubadour.
Minute, -, -n, f., minute.
Mischung, -, -en, f., mix-
ing, mixture.
mißt, see messen.
mit, prep. (dat.), with, together; adv. and sep.
pref., along, along with.
Mitglied, -(e)s, -er, n.,
member.
mit'-machen, tr., join in,
take part in.
mit'-nehmen, nimmt -, nahm
-, -genommen, tr., take,
carry along.
Mittag, -(e)s, -e, m., noon.
Mittagessen, -s, -, n., dinner.
Mittagsmahl, see Mittag-
essen.
Mitte, -, -n, middle, center.
mit'-teilen, tr., communi-
cate, impart, inform.
Mitteilung, -, -en, f., information.   [Ages.
Mittelalter, -s, n., Middle
Mittelpunkt, -es, -e, m.,
center.
mitten, adv., in the midst,
middle.
Mitternacht, -, ˮe, f., mid-
night.
mitunter, adv., now and
then, sometimes.
Möbel, -s, -, f., furniture.
mochte and möchte, see mögen.

Modell, -s, -e, n., model,
pattern.
modern, adj., modern.
Modewaren, pl., fancy
goods, millinery.
mögen, mag, mochte, ge-
mocht, mod. aux., may,
like, be able; möchte,
should like.
möglich, adj., possible.
Mohn, -es, m., poppy.
Monat, -(e)s, -e, m., month.
monatlich, adj., monthly.
Monatsheft, -es, -e, n.,
monthly magazine.
Mönch, -(e)s, -e, m., monk.
Moor, -(e)s, -e, n., moor.
Morgen, -s, -, m., morning.
morgen, adv., to-morrow.
Morgensonne, -, f., morn-
ing sun.
müd, adj., tired, fatigued.
Mühe, -, -n, f., toil, pains,
trouble.
München, proper name, capital of Bavaria.
Mund, -es, ˮer, m., mouth.
Mundart, -, -en, f., dialect.
münden, intr., empty itself,
flow into.
Mundtuch, -es, ˮer, n., nap-
kin.
Münster, -s, -, n., cathedral
church, minster.
munter, adj., awake, lively,
cheerful.
Musensohn, -es, ˮe, m.,
poetical, student.
Musenstadt, -, ˮe, f., city of

the Muses, university town.

Museum, –s, –en, *n.*, museum.

Musik, –, *f.*, music.

Musikant, –en, –en, *m.*, musician.

Musikschule, –, –n, *f.*, college of music.

Musikzimmer, –s, –, *n.*, music *or* concert room.

musizieren, *intr.*, to play music.

müssen, muß, mußte, gemußt, *mod. aux.*, must, be obliged, have to.

mustergültig, *adj.*, classical.

Mut, –(e)s, *m.*, mood, spirit, courage; frohen — haben, be of good cheer.

Mutter, –, ⸗, *f.*, mother.

mutwillig, *adj.*, mischievous, wanton.

Mütze, –, –n, *f.*, cap.

N

nach, *prep.* (*dat.*), after, towards, to, according to; *sep. pref.*, after, behind, to, along; — und —, by and by, in time.

Nachbar, –s, –n, *m.*, neighbor.

nachbarlich, *adj.*, neighborly.

Nachen, .–s, .–, *m.*, boat, barge, skiff.

nach'⸗geben, a, e, *intr.*, give in, yield, consent.

nachher, *adv.*, afterward.

Nachkomme, –n, –n, *m.*, descendant.

nach'⸗kommen, kam –, –gekommen, *intr.*, f., come after, follow.

Nachmittag, –(e)s, –e, *m.*, afternoon.

Nachricht, –, –en, *f.*, news.

nach'⸗sehen, a, e, *tr.*, look after.

nächst⸗, *adj.*, next, nearest.

nach'⸗stehen, stand nach, nachgestanden, *intr.*, stand behind, be inferior.

Nacht, –, ⸗e, *f.*, night.

Nachtigall, –, –en, *f.*, nightingale.

Nach'tisch, –(e)s, –e, *m.*, dessert.

Nacken, –s, –, *m.*, neck.

Nadel, –, –n, *f.*, needle, pin.

nah (näher, nächsten), *adj.*, near.

Nähe, –, *f.*, neighborhood.

nähen, *tr.*, sew.

nähern, *refl.*, come nearer, approach.

nahezu, *adv.*, nearly, almost.

Nahrungsmittel, –s, –, *n.*, food, provisions.

Name *or* **Namen,** –ns, –n, *m.*, name.

namens, *adv.*, named, by name.

namentlich, *adv.*, by name, especially.

nämlich, *adj.*, (the) same; *adv.*, namely, viz., to wit.

nannte, *see* **nennen.**

Narbe, –, –n, *f.,* scar.

naß, *adj.,* wet.

Nationaldenkmal, –(e)s, *=er,* *n.,* national monument.

natürlich, *adj.,* natural, of course.

Nebel, –s, –, *m.,* fog, mist.

Nebelhorn, *n.,* foghorn.

Nebelstreif, *m.,* streak of mist.

neben, *prep.* (*dat. and acc.*), near, beside, next to, at the side of, compared with.

nebst, *prep.* (*dat.*), with, together with, including.

Neckar, –s, *m., proper name,* a tributary of the Rhine; —**tal,** *n.,* the valley of the Neckar.

necken, *tr.,* tease.

Neffe, –n, –n, *m.,* nephew.

nehmen, nimmt, nahm, genommen, *tr.,* take, seize, carry along. [tion.

Neigung, –, –en, *f.,* inclina-

nein, *adv.,* no.

nennen, nannte, genannt, *tr.,* name, call.

nett, *adj.,* neat, nice, pretty.

Netz, –es, –e, *n.,* net.

neu, *adj.,* new.

Neubau, –(e)s, –e, *m.,* new building.

Neugierde, –, *f.,* curiosity.

neun, *num.,* nine.

neunzehnt-, *num. adj.,* nineteenth.

neunzig, *num.,* ninety.

Nibelungen, *proper name,* the Nibelungs, a mythical race possessed of a great treasure.

nicht, *adv.,* not; *before comp.,* no.

Nichtraucher, –s, –, *m.,* person not smoking.

nichts, *indef. pron.,* nothing.

nicken, *intr.,* nod; **mit den Augen** —, wink with the eyes.

nie, *adv.,* never.

nieder, *adj.,* low, lower, nether; *adv. and sep. pref.,* down, downward.

niederknieen, *intr.,* kneel down.

Niederlande, *pl., proper name,* Netherlands.

niedersächsisch, *adj.,* Low Saxon.

Niederwald, *m., proper name,* a mountain range on the Rhine;—**denkmal,** *m.,* the (national) monument on the Niederwald.

niemals, *adv.,* never.

niemand, *indef. pron.,* none, nobody.

nirgends, *adv.,* nowhere.

Nixe, –, –n, *f.,* water fairy, nymph.

noch, *adv.,* still, yet, in addition; — **einmal,** again, once again; — **immer,** still; — **nicht,** yet; *conj.,* nor; **weder** —, neither ...nor.

nochmals, *adv.,* once more, again.

Nonne, –, –n, *f.,* nun.

Nonnenwert, *proper name,* 'islet of the nuns,' an islet in the Rhine.

Norddeutschland, –s, *n.,* Northern Germany.

nordisch, *adj.,* northern.

Nordsee, –, *f.,* North Sea, German Ocean.

Nordwest, –(e)s, –e, *m.,* northwest, northwest wind.

Not, –, ⁺e, *f.,* need, distress.

nötig, *adj.,* necessary.

Novelle, –, –n, *f.,* short story.

Nu, im Nu, in no time at all, instantly. [soup.

Nudelsuppe, –, –n, *f.,* noodle

Nummer, –, –n, *f.,* number.

nun, *adv.,* now, well; **von — an,** from now on.

nur, *adv.,* only, merely, just.

Nürnberg, *n., proper name,* Nuremberg, a city in northern Bavaria (Franconia).

Nürnberger, –s, –, *m.,* an inhabitant of Nuremberg.

Nutzen, –s, *m.,* use, profit, advantage.

O

ob, *conj.,* whether, if.

oben, *adv.,* above, upstairs, at the top; **von — bis unten,** from top to bottom.

ober–, *adj.,* upper; **—bayrisch,** belonging to Upper Bavaria.

Oberdeck, –(e)s, –e, *n.,* upper deck.

Oberhaupt, –es, ⁺er, *n.,* head, chief.

oberst–, *sup.* of ober, *adj.,* chief; **der Oberst,** –s, *or* –en, –en, colonel.

obgleich, *conj.,* though, although.

Obst, –es, *n.,* fruit.

Ochse, –n, –n, *m.,* ox.

Ochsenfleisch, –(e)s, *n.,* beef.

Odem, –s, *m.,* = **Atem,** breath, wind, inspiration.

Odenwald, –s, *m., proper name,* a mountain range between the Main and Neckar rivers.

oder, *conj.,* or, else.

Oder, –, *f., proper name,* a German river.

offen, *adj.,* open.

öffentlich, *adj.,* public.

Offizier, –(e)s, –e, *m.,* officer.

öffnen, *tr.,* open.

oft, *adv.,* often, oft.

öfters, *adv.,* often, frequently.

Oheim, –(e)s, –e, *m.,* uncle.

ohne, *prep.* (*acc.*), without; **— daß,** without.

Ölgemälde, –s, –, *n.,* oil painting.

Opernhaus, –es, ⁺er, *n.,* opera house.

Opernsängerin, –, –nen, f.,
   operatic singer.
Opernvorstellung, –, –en, f.,
   operatic performance.
Opfer, –s, –, n., victim,
   sacrifice.
optisch, adj., optic, optical.
Orchester, –s, –, n., orchestra.
Orgel, –, –n, f., organ.
Orgelklang, –(e)s, *e, m.,
   sound, music of the organ.
Oriol, m., proper name,
   oriole, a singing bird.
Ort, –(e)s, –e or *er, m.,
   place, spot, village.
Ostern, pl., Easter.
Öst(er)reich, –s, n., proper
   name, Austria.
Ostsee, –, f., Baltic Sea.
Ozean, –(e)s, –e, m., ocean.

P

Paar, –(e)s, –e, n., pair,
   couple.
Paderborn, proper name, a
   city in Westphalia.
Palast, –es, *e, m., palace.
Palme, –, –n, f., palm.
Papier, –(e)s –e, n., paper.
Papst, –es, *e, m., pope.
Paradefeld, –es, –er, n.,
   ground where military re-
   views are held.
Paradies, –es, –e, n., para-
   dise.
Park, –es, –s and –e, m.,
   park.

Partei, –, –en, f., party.
passen, tr., adapt; intr., fit,
   suit.
Passionsspiel, –(e)s, –e, n.,
   Passion play.
Patent, –(e)s, –e, n., patent.
Paukant, –en, –en, m., con-
   testant, duelist.
Paukarzt, –es, *e, m., duel
   surgeon.
Paukbinde, –, –n, f., duel-
   ing bandage.
Paukbrille, –, –n, f., duelist's
   goggles, dueling spectacles.
Pauklokal, –s, –e, n., dueling
   hall.
Pelzwaren, pl., furs.
Pension, –, –en, f., pension,
   board, boarding house.
Perle, –, –n, f., pearl, gem.
Person, –, –en, f., person.
Persönlichkeit, –, –en, f.,
   personality.
Pfad, –es, –e, m., path.
Pfalz, –, f., proper name,
   Palatinate, so called from
   the palace of the old em-
   peror.
Pfeife, –, –n, f., pipe, whistle.
Pfeil, –(e)s, –e, m., arrow.
Pfeiler, –s, –, m., pillar.
Pfennig, –s, –e, m., penny.
Pferd, –(e)s, –e, n., horse.
Pferdehändler, –s, –, m.,
   horse dealer.
Pferdekraft, –, *e, f., horse
   power.
Pfiff, –(e)s, –e, m., whistle.
Pfirsich, –s, –e, m., peach.

Pflanze, –, –n, f., plant.

pflanzen, tr., plant, cultivate, raise.

pflastern, tr., pave.

pflegen, tr., take care of,
tend; intr., be accus-
tomed; refl., sich —, take
care of one's self.

Pflicht, –, –en, f., duty.

Pfund, –(e)s, –e, n., pound.

Phönizia, f., proper name,
name of a steamer.

Photographie, –, –en, f.,
photograph.

Pianoforte, –s, –s, n., piano.

pilgern, intr., make a pil-
grimage.

Pinsel, –s, –, m., brush.

Plakat, –(e)s, –e, n.,
placard, bill.

plätschern, intr., splash,
babble.

Platte, –, –n, f., plate.

plattiert, adj., plated.

Platz, –es, "e, m., space,
place, seat, square; —
nehmen, take a seat.

plaudern, intr., talk, chatter,
converse.

plötzlich, adv., suddenly.

Plünderung, –, f., plunder-
ing, pillage.

Poesie, –, –n, f., poetry.

Polizei, –, f., police; —diener, –s, –, m., policeman.

Polizist, –en, –en, m., policeman.

Portal, –(e)s, –e, n., portal.

Porto, –s, n., postage.

Porzellan, –s, –e, n., porcelain, china.

Porzellanpfeife, –, –n, f.,
porcelain pipe.

Post, –, –en, f., post office,
mail.

Postanweisung, –, –en, f.,
postal money order.

Postkarte, –, –n, f., postal
card.

postlagernd, adj., to be left
till called for, general de-
livery (Post Office).

Postpaket, –(e)s, –e, n.,
packet, parcel mailed by a
post office.

Postwesen, –s, –, n., mail
service.

Pracht, –, f., splendor.

prächtig, adj., splendid, magnificent.

praktisch, adj., practical.

präsentieren, tr., present.

Predigt, –, –en, f., sermon.

Preis, –es, –e, m., prize,
price, praise, glory.

Preisangabe, –, –n, f., state-
ment of price.

Preiselbeerstrauch, –s, "er,
m., cranberry bush.

preisen, ie, ie, tr., praise,
commend.

Presse, –, –n, f., press.

preußisch, adj., Prussian.

Prinzessin, –, –nen, f., prin-
cess.

Probe, –, –n, f., proof, test,
trial.

probieren, tr., try, test, taste.

Produkt, -(e)s, -e, n., product.

Professor, -s, -en, m., professor.

Provinz, -, -en, f., province.

Prozent, -(e)s, -e, n., per cent.

prüfen, tr., examine.

Prüfung, -, -en, f., examination, trial.

Pulver, -s, -, n., powder, gunpowder.

Pumpe, -, -n, f., pump.

pumpen, tr. and intr., pump.

Pumpernickel, -s, m., a kind of dark rye bread.

Punkt, -(e)s, -e, m., point, dot.

Puppe, -, -n, f., doll.

Puppenbrücke, f., proper name, 'doll's bridge,' name given by the people in Berlin to a bridge adorned with statues.

Pyramide, -, -n, f., pyramid.

Q

Quadratmeter, -s, -, m., square meter.

Quantität, -, -en, f., quantity.

Quartier, -(e)s, -e, n., quarter.

Quell, -(e)s, -en, m., or **Quelle,** -, -n, f., spring.

Quellwasser, -s, n., spring water.

Querbau, -(e)s, -e or -ten, m., traverse, cross wing of building.

R

Rabe, -n, -n, m., raven.

Rad, -(e)s, "er, n., wheel, bicycle.

Rade, -, -n, f., corn cockle (*Lychnis*), a ray flower.

radeln, intr., ride on a wheel.

Radieschen, -s, -, n., radish.

Radler, -s, -, m., bicyclist.

rasch, adj., quick, fast.

Rasen, -s, -, m., turf, sod, lawn.

Rasenplatz, -es, "e, m., lawn.

Rast, -, f., rest, repose.

rasten, intr., rest, stay.

rastlos, adj., restless.

Rat, -(e)s, m., council, counsel, advice; (*pl.* "e) counsellor.

raten, ie, a, intr. (*with dat. of pers.*), advise; tr., guess, solve.

Rathaus, -es, "er, n., city hall.

Rätsel, -s, -, n., riddle, conundrum.

Ratsherr, -n, -en, m., patrician, alderman.

Ratskeller, -s, -, m., wine cellar in the town hall.

Räuber, -s, -, m., robber.

rauchen, intr., smoke.

Raucher, -s, -, m., smoker.

Rauchfleisch, –8, n., smoked beef.

Rauchtabak, –(e)8, –e, m., smoking tobacco.

Rauchzimmmer, –8, –, n., smoking room.

Raum, –(e)8, "e, m., room, space.

Realschäler, –8, –, m., pupil of a Realschule (a secondary school, in which no ancient languages are taught).

Rebe, –, –n, f., vine, grapevine.

Rechnung, –, –en, f., bill, account.

Recht, –(e)8, –e, n., right, justice, law, claim.

recht, adj. and adv., right, just, true; very greatly.

Rechte, –n, f., the right hand.

Rede, –, –n, f., speech.

Reformation, –, f., reformation.

Reformator, –8, –en, m., reformer.

Regel, –, –n, f., rule; in der —, as a general rule, generally.

regelmäßig, adv., regularly.

Regen, –8, –, m., rain.

Regierung, –, –en, f., government.

Regierungsform, –, –en, f., form of government.

Regierungshandlung, –, –en, f., act or function of government, executive action.

Registertonne, –, –en, f., register tons.

regnen, intr., rain.

Reh, –8, –e, n., deer, fawn.

Reich, –(e)8, –e, n., realm, empire.

reichen, tr., reach, present, hand; intr., reach, suffice.

Reichsadler, –8, –, m., imperial eagle.

Reichsgericht, –8, –e, n., supreme court of the Empire.

Reichsland, –e8, –e, n., territory of the empire.

Reichsstadt, –, "e, f., imperial city, a free city subject to the jurisdiction of the empire.

Reichstag, –(e)8, –e, m., (imperial) diet.

Reichstagsabgeordnet–, decl. like adj., m., member of the imperial diet.

Reichstagsgebäude, –8, n., the building in which the German parliament assembles.

Reichtum, –(e)8, "er, m., wealth.

Reihe, –, –n, f., row, line, rank.

Reih(e)n, –8, –, m., dance.

Reim, –e8, –e, m., rime.

Reimkunst, –, "e, f., art of riming.

rein, adj., clean, pure.

reinigen, tr., purify, clean, cleanse, purge.

reinlich, *adj.*, clean, cleanly, neat.   [sprig.

Reis, –es, –er, *n.*, twig,

Reis, –es, *m.*, rice.

Reise, –, –n, *f.*, travel, journey.

Reiseanzug, –s, ˮe, *m.*, traveling suit.

Reisedecke, –, –n, *f.*, traveling rug.

Reisegefährte, –n, –n, *m.*, traveling companion.

Reisegenosse, *see* Reisegefährte.

Reisehandbuch, –(e)s, ˮer, *n.*, traveler's handbook.

reisen, *intr.*, travel.

Reisend–, *decl. like adj.*, *m.*, traveler.

Reisetasche, –, –n, *f.*, traveling bag, satchel.

Reiseziel, –(e)s, –e, *n.*, goal of voyage, destination.

Reismarkt, –(e)s, ˮe, *m.*, rice market.

reiten, ritt, geritten, *intr.*, ſ., ride on horseback.

Reiter, –s, –, *m.*, rider.

Reiterbild, –es, –er, *n.*, equestrian statue.

Reiz, –es, –e, *m.*, charm.

reizen, *tr.*, charm.

religiös, *adj.*, religious.

Reliquie, –, –n, *f.*, relic.

Residenz, –, –en, *f.*, residence, capital.

Rest, –(e)s, –e, *m.*, rest, remainder.

Restauration, –, –en, *f.*, restaurant.

Rettich, –s, –e, *m.*, radish.

Revier, –s, –e, *n.*, district, woodland country, hunting grounds.

Rhein, *m.*, *proper name*, Rhine.

Rheinebene, –, *f.*, the plain of the Rhine valley.

Rheinhafen, –s, ˮ, *m.*, harbor of the Rhine.

rheinisch, *adj.*, Rhenish.

Rheinländer, –s, –, *m.*, inhabitant of the Rhenish countries.

richten, *tr.*, direct, set, judge.

Richter, –s, –, *m.*, judge.

richtig, *adj.*, right, correct, accurate.

Riese, –n, –n, *m.*, giant.

Riesenbahnzug, –s, ˮe, *m.*, gigantic railroad train.

Riesenkanone, –, –n, *f.*, gigantic cannon.

riesig, *adj.*, gigantic.

Rindfleisch, –(e)s, *n.*, beef.

ringsum, *adv.*, round about, all around.

ritt, *see* reiten.

Ritter, –s, –, *m.*, knight.

Rittersaal, –(e)s, ˮe, *m.*, hall of knights.   [skirt.

Rock, –(e)s, ˮe, *m.*, coat,

Rodensteiner, *m.*, *proper name*, the knight of Rodenstein.

Rohrbrunnen, –s, –, *m.*, fountain (with a spout).

Röhre, –, -n, *f.*, tube, pipe.

Roman, -(e)s, -e, *m.*, romance, novel.

Römer, -s, –, *m.*, Roman; name of city hall in Frankfort.

Rose, –, -n, *f.*, rose.

Roßhaarmatratze, –, -n, *f.*, hair mattress.

rot, *adj.*, red.

Rotbart, *m.*, 'red beard,' nickname of emperor Frederick I.

Rübenzucker, -s, *m.*, beet sugar.

Rücken, -s, –, *m.*, back, ridge.

Rückseite, –, -n, *f.*, back, reverse.

Rücksicht, –, -en, *f.*, respect, consideration, regard.

rücksichtsvoll, *adj.*, regardful, considerate.

Rüdesheim, *proper name*, a city on the Rhine.

Ruf, -(e)s, -e, *m.*, cry, reputation; **Weltruf,** a worldwide reputation.

rufen, ie, u, *tr. or intr.*, call, summon, exclaim.

Ruhe, –, *f.*, quiet, rest, peace.

Ruhebank, –, "e, *f.*, resting bench, resting place.

ruhen, *intr. and refl.*, rest.

ruhig, *adj.*, quiet, still.

Ruhm, -(e)s, *m.*, fame.

rühmen, *tr.*, commend, extol; **sich** — (*gen.*), boast of.

rühmlich, *adj.*, glorious, laudable, creditable.

Ruhr, *f.*, *proper name*, a river in Germany.

rühren, *tr.*, move, touch.

Ruine, –, -n, *f.*, ruin.

Rundfahrt, –, -en, *f.*, round trip.

Rundgang, -(e)s, "e, *m.*, tour of inspection.

Rundschau, –, *f.*, review.

runzeln, *tr.*, wrinkle, frown.

Rußland, *n.*, *proper name*, Russia.

S

Saal, -(e)s, "e, *m.*, hall, large room.

Saat, –, -en, *f.*, sowing, seed; *pl.*, crops.

Säbel, -s, –, *m.*, saber.

Sache, –, -n, *f.*, thing; *pl.*, goods.

Sachsen, *n.*, *proper name*, Saxony.

Sachsenhausen, *proper name*, a suburb of Frankfort.

Sack, -(e)s, "e, *m.*, sack, bag.

Säckingen, *proper name*, a city on the upper Rhine.

Sage, –, -n, *f.*, legend, tradition.

sagen, *tr.*, say, tell.

sagenreich, *adj.*, rich in traditions *or* legends.

Salat, -(e)s, -e, *m.*, salad.

Salzquelle, –, –n, *f.,* salt
spring.

sammeln, *tr.,* gather, collect.

Sammlung, –, –en, *f.,* col-
lection, gathering.

Samstag, –s, –e, *m.,* Saturday.

Sand, –es, *m.,* sand.

sandte, *see* **senden.**

sanft, *adj.,* soft, tender.

Sänger, –s, –, *m.,* singer.

Sängerin, –, –nen, *f.,* singer.

Sängerkrieg, –(e)s, –e, *m.,*
contest of singers.

saß, *see* **sitzen.**

satteln, *tr.,* saddle.

sauber, *adj.,* clean, neat.

Säule, –, –n, *f.,* column,
pillar.

säuseln, *intr.,* whisper, sigh,
hiss.

sausen, *intr.,* bluster, hiss,
whiz, rush.

Schacht, –es, ˮe, *m.,* shaft,
mine.

Schabe(n), Schabens, ˮ, *m.,*
damage; **es ist schade,** it is
a pity.

Schaf, –(e)s, –e, *n.,* sheep.

Schäfer, –s, –, *m.,* shepherd.

schaffen, schuf, geschaffen,
tr., create; *intr. and weak,*
work, furnish, do.

Schaffner, –s, –, *m.,* conduc-
tor.

Schafskopf, *m.,* blockhead,
dunce.

Schalk, –es, –e, *m.,* wag,
rogue.

schallen, *intr.,* sound, echo.

Schalter, –s, –, *m.,* counter,
ticket window.

schämen, *refl. and with gen.,*
be ashamed of.

Schanze, –, –n, *f.,* bulwark,
trench.

Schar, –, –en, *f.,* troop,
crowd, band.   [shade.

Schatten, –s, –, *m.,* shadow,

schattig, *adj.,* shady.

Schatz, –es, ˮe, *m.,* treasure,
riches; *dim.,* **Schätzel,** *n.,*
sweetheart.

schauen, *tr. and intr.,* look,
regard, view.

Schauer, –s, –, *m.,* shower;
thrill.

Schaufenster, –s, –, *n.,* show
window.

schäumend, *adj.,* foaming.

Schauplatz, –es, ˮe, *m.,* scene.

Schauspiel, –(e)s, –e, *n.,*
drama; **—dichter,** dramatic poet.

Schauspieler, –s, –, *m.,* ac-
tor; **—in,** –, –nen, *f.,* ac-
tress.

Schauspielhaus, –es, ˮer, *n.,*
theater.

Scheibe, –, –n, *f.,* disk, target, window pane.

Schein, –(e)s, –e, *m.,* shine,
light, receipt, bill, ticket,
check, certificate.

scheinen, ie, ie, *intr.,* appear,
shine.

schellen, *intr.,* ring; **es schellt,**
the bell rings.

ſchenken, *tr.*, pour, present.
Scherbe, –, –n, *f.*, piece,
fragment.
ſcherzen, *intr.*, jest, joke.
ſcherzhaft, *adj.*, jesting, jok-
ing.
ſcherzweiſe, *adv.*, jestingly,
jocosely.
ſcheu, *adj.*, shy, timid.
Scheune, –, –n, *f.*, barn.
ſchicken, *tr.*, send, mail; es
ſchickt ſich, it is proper.
ſchieben, o, o, *tr.*, push, move.
Schieferſtein, –(e)s, –e, *m.*,
slate.
Schiene, –, –n, *f.*, rail.
ſchießen, ſchoß, geſchoſſen, *tr.*
or intr., shoot, discharge,
rush, dart, gush.
Schießpulver, –s, *n.*, gunpowder.
Schiff, –es, –e, *n.*, ship.
Schiffer, –s, –, *m.*, boatman,
sailor, mariner.
Schiffsarzt, –es, ˮe, *m.*,
ship's doctor.
Schiffsbauhof, –(e)s, ˮe, *m.*,
dockyard.
Schiffsjunge, –n, –n, *m.*,
cabin boy.
Schild, –es, –e, *m.*, shield;
–es, –er, *n.*, sign (of a
store).
Schilderung, –, –en, *f.*, description, picture.
ſchimmern, *intr.*, glimmer,
shimmer, glisten.
Schinken, –s, –, *m.*, ham.
Schirm, –(e)s, –e, *m.*, shel-

ter, protection, umbrella,
screen.
Schlacht, –, –en, *f.*, battle.
Schlachtroß, –es, –e, *n.*, battle horse.
ſchlafen, ie, a, *intr.*, sleep.
Schlafmütze, –, –n, *f.*, night-
cap.
Schlafzimmer, –s, –, *n.*, bed-
room.
Schlag, –es, ˮe, *m.*, stroke,
hit, shock, beat; *pl.*, a
whipping.
Schlagbaum, –es, ˮe, *m.*, bar,
toll bar.
Schlägel or Schlegel, –s, –,
m., mallet, drumstick, leg
(of meat).
ſchlagen, u, a, *tr.*, strike,
beat, hit, defeat.
Schläger, –s, –, *m.*, rapier,
foil, dueling sword (with
basket hilt and blunt end,
one edge dull).
ſchlagfertig, *adj.*, quick,
ready (at repartee).
ſchlank, *adj.*, slender, slim.
ſchlau, *adj.*, sly.
Schleppe, –, –n, *f.*, train (of
dress).
ſchleudern, *tr.*, sling, throw,
hurl. [plain..
ſchlicht, *adj.*, sleek, homely,
Schlichtheit, –, *f.*, plainness,
simplicity.
ſchließlich, *adv.*, at last, finally.
ſchlimm, *adj.*, bad, sad, hard.
ſchlingen, a, u, *tr.*, twine,

twist, wind, cross, swallow.

Schloß, -es, "er, *n.,* castle, palace.

Schloßhof, -(e)s, "e, *m.,* castle court *or* yard.

Schlucht, -, -en, *f.,* ravine, gorge.

schluchzen, *intr.,* sob.

schlummern, *intr.,* slumber, doze.

schlüpfen, *intr.,* slip, slide, glide.

Schluß, -sses, "e, *m.,* close, conclusion.

Schlüssel, -s, -, *m.,* key.

Schmach, -, *f.,* disgrace.

schmähen, *tr. and intr.,* abuse, revile.

schmal, *adj.,* narrow.

schmecken, *intr. and tr.,* taste, relish, savor of.

schmelzen, o, o, *intr.,* ſ., melt, *tr.,* smelt.

Schmerz, -es, -en, *m.,* pain, grief.

Schmetterling, -(e)s, -e, *m.,* butterfly.

schmetternd, *adj.,* blaring, dashing.

Schmiede, -, -n, *f.,* forge, smithy.

schmieden, *tr.,* forge, hammer.

Schmiß, -es, -e, *m.,* stroke, blow (*students' slang*), scar, received in dueling.

Schmuck, -es, *m.,* ornament, finery.

schmücken, *tr.,* adorn, decorate; sich —, dress up.

Schmutz, -es, *m.,* smut, dirt, filth.

schnallen, *tr.,* bind, strap.

schnell, *adj.,* quick, fast.

Schnelldampfer, -s, -, *m.,* fast steamer.

Schnellzug, -(e)s, "e, *m.,* fast train, express.

schnitzen, *tr.,* carve, cut.

schon, *adv.,* already; surely.

schön, *adj.,* beautiful, handsome, fine.

Schönheit, -, -en, *f.,* beauty.

Schoß, -es, "e, *m.,* lap.

Schrank, -(e)s, "e, *m.,* closet, wardrobe, cupboard.

Schrecken, -s, -, *m.,* fright, terror. [frightful.

schrecklich, *adj.,* terrible,

Schrei, -es, -e, *m.,* cry, call.

schreiben, ie, ie, *tr.,* write.

Schreibtisch, -(e)s, -e, *m.,* writing desk.

Schrein, -(e)s, -e, *m.,* casket, shrine.

schreiten, schritt, geschritten, *intr.,* ſ., stride, step, stalk.

Schriftsteller, -s, -, *m.,* writer, author.

Schriftstück, -s, -e, *n.,* document, manuscript.

schrill, *adj.,* shrill.

schritt, see **schreiten.**

Schublade, -, -n, *f.,* drawer.

schuf, see **schaffen.**

Schuhmacher, -s, -, *m.,* shoemaker.

Schuhplattler, *m., proper name,* a Bavarian folk dance.

schuldig, *adj.,* indebted, obliged; — **bleiben,** be indebted, guilty.

Schüler, –s, –, *m.,* **Schülerin,** –, –nen, *f.,* pupil.

Schultasche, –, *f.,* schoolbag.

Schulter, –, –n, *f.,* shoulder.

Schuppen, –s, –, *m.,* shed.

Schürze, –, –n, *f.,* apron.

Schuß, –sses, ²sse, *m.,* shot.

Schüssel, –, –n, *f.,* dish, bowl.

schütteln, *tr.,* shake.

Schutz, –es, *m.,* protection, shelter.

Schütze, –n, –n, *m.,* shooter, sharpshooter.

schützen, *tr.,* shelter, protect.

Schutzgebiet, –(e)s, –e, *n.,* colony.

Schutzheilige, –n, –n, *m.,* patron saint.

Schutzmann, –(e)s, –leute, *m.,* policeman.

Schwaben, *proper name,* Swabia, the southern part of Württemberg and Bavaria.

schwäbisch, *adj.,* Swabian.

schwach, *adj.,* weak.

Schwan, –s, ²e, *m.,* swan.

schwank, *adj.,* pliant, flexible.

Schwarm, –s, ²e, *m.,* swarm.

schwarz, *adj.,* black; —**blau,** dark blue; —**grün,** dark green.

Schwarzwald, –(e)s, *m., proper name,* Black Forest, mountains in southern Germany; —**haus,** a house of the Black Forest.

Schwebebahn, –, –en, *f.,* a hanging railway, suspended over the bed of a river.

schweben, *intr.,* be suspended, glide, hover. [trail.

Schweif, –es, –e, *m.,* train,

schweigen, ie, ie, *intr.,* to remain silent.

Schweigen, –s, *n.,* silence.

Schweinebraten, –s, –, *m.,* roast pork.

Schweinefleisch, –(e)s, *n.,* pork.

Schwengel, –s, –, *m.,* handle (of a pump). [difficult.

schwer, *adj.,* heavy, hard,

Schwert, –es, –er, *n.,* sword.

Schwester, –, –n, *f.,* sister.

sechzehnt–, *num. adj.,* sixteenth.

See, –, –en, *f.,* sea; –s, –en, *m.,* lake.

Seehandel, –s, *m.,* sea trade.

Seekrankheit, –, *f.,* seasickness.

Seele, –, –n, *f.,* soul.

Seereise, –, –n, *f.,* ocean trip.

segeln, *intr.,* sail.

Segelboot, –(e)s, –e, *n.,* sailing boat.

Segelschiff, –(e)s, –e, *n.,* sailing vessel. [vessel.

Segler, –s, –, *m.,* sailing

segnen, *tr.,* bless.

sehen, *a, e, tr. and intr.,* see, behold, look at, regard.

Sehenswürdigkeit, –, –en, *f.,* curiosity.

sehnen, *refl.,* long, hanker.

sehr, *adv.,* very, much, greatly.   [are.

seid, *2d pl. of* sein, (you)

seiden, *adj.,* silken.

Seife, –, –n, *f.,* soap.

sein, war, gewesen, *aux.,* (sein), be, exist.

sein, *poss. pron.,* his, its; **die Seinen,** his family.

seit, *prep.* (*dat.*), since; *conj.,* since.

seitdem, *adv.,* since then.

Seite, –, –n, *f.,* side, page.

Sekundant, –en, –en, *m.,* second, attendant.

selbst, *pron.,* self, the same; *adv.,* even.

Selbstbeherrschung, –, *f.,* self-command, self-control.

selten, *adj.,* rare, scarce; *adv.,* seldom.

seltsam, *adj.,* strange, odd, curious.

Senat, –(e)s, –e, *m.,* senate.

senden, sandte, gesandt (gesendet), *tr.,* send.

Sendung, –, –en, *f.,* sending, mission, shipment.

senken, *tr.,* sink; *refl.,* **sich** —, sink, fall.

Sessel, –s, –, *m.,* armchair.

setzen, *tr.,* set, take place, put, lay.

seufzen, *intr.,* sigh.

sich, *refl. pron.,* himself, herself, *etc.*   [safe.

sicher, *adj.,* sure, certain,

sicherlich, *adv.,* surely.

sichern, *tr.,* secure, assure, guarantee.

sichtbar, *adj.,* visible.

sichtlich, *adj.,* visible, obvious, apparent.

sie, *pers. pron.,* she, her, them, they.

Sie, *pers. pron.,* you.

Siebengebirge, –es, *n., proper name,* a chain of mountains on the Rhine.

siebzig, *num.,* seventy.

sieden, sott, gesotten, *tr.,* boil.

siegen, *intr.,* win, triumph.

Sieger, –s, –, *m.,* victor.

Siegesdenkmal, –s, ˝er, *n.,* monument of victory.

siegreich, *adj.,* victorious.

silbergrau, *adj.,* silver gray.

silbern, *adj.,* silver, of silver, silvery.

silberschwer, *adj.,* rich in silver.

sind, *3rd pl. of* sein.

singen, *a, u, tr. and intr.,* sing.

sinken, *a, u, intr.,* ſ., sink.

Sinn, –(e)s, –e, *m.,* sense, mind, meaning.

sinnen, *a, o, intr.,* think, meditate.

Sitte, –, –n, *f.,* custom, usage, morals.

Sitz, –es, –e, m., seat, place.

sitzen, saß, gesessen, intr., sit, fit.

Sitzung, –, –en, f., session.

Sklave, –n, –n, m., slave.

so, adv., so, thus; conj., if; —...wie, as...as; — ein, such a.

sobald, conj., as soon as.

Sodawasser, –s, –, n., soda water.

Sofa, –s, –s, n., sofa.

sofort, adv., at once, immediately.

sogar, adv., actually, even.

sogenannt, adj., so-called, self-styled.

sogleich, adv., at once, immediately.

Sohn, –(e)s, ⸗e, m., son.

solch– (–er, –e, –es), pron. and adj., such.

Soldat, –en, –en, m., soldier; das Soldatenglück, the soldier's fortune.

Solingen, proper name, a city in Rhenish Prussia.

sollen, sollte, gesollt, mod. aux., shall, be to, be obliged, ought, be said or supposed to. [out.

sonder, prep. (w. acc.), with-

sondern, conj., but (following a negation); nicht nur, — auch, not only ... but also.

Sonne, –, –n, f., sun.

Sonnabend, –s, –e, m., Saturday.

sonnig, adj., sunny.

Sonntag, –(e)s, –e, m., Sunday.

Sonntagsanzug, –s, ⸗e, m., Sunday clothes.

sonst, adv., else, besides, in other respects.

Sorge, –, –n, f., sorrow, grief.

sorgfältig, adj., careful.

Sorte, –, –n, f., sort, kind.

sowie, conj., just as, as soon, as well as.

sowohl...als, conj., as well ...as.

Späher, –s, –, m., spy.

Spanien, proper name, Spain. [ness.

spannen, tr., span, bend, har-

sparen, tr., save.

sparsam, adj., economical, saving.

Spaß, –es, ⸗e, m., fun, jest, sport; — machen, make fun, give pleasure.

spät, adv., late; die Spätern, posterity.

spazieren, intr., take a walk.

Spaziergang, –(e)s, ⸗e, m., walk; — machen, take a walk.

Spaziergänger, –s, –, m., person taking a walk.

Speck, –(e)s, m., bacon.

Speicher, –s, –, m., granary, warehouse, attic.

Speise, –, –n, f., food, dish.

Speisekarte, –, –n, f., bill of fare.

Speisesaal, –(e)s, ⁼e, m., dining room. [fare.

Speisezettel, –s, –, m., bill of

Spiegel, –s, –, m., looking-glass, mirror.

Spiegelsaal, –(e)s, ⁼e, m., a hall ornamented with many mirrors.

Spiel, –(e)s, –e, n., game, play.

spielen, intr., play, gamble.

Spielware, –, –n, f., plaything, toy.

spitz, adj., pointed.

Spitze, –, –n, f., point, head; lace.

Spitzname, –ns, –n, m., nickname.

Sporn, –s, Sporen, m., spur.

Spott, –(e)s, m., mockery, scorn.

spöttisch, adj., sneering.

Sprache, –, –n, f., speech, language.

sprachlos, adj., speechless.

sprechen, a, o, tr. or intr., speak, talk.

sprießen, sproß, gesprossen, intr., sprout, bud.

Springbrunnen, –s, –, m., fountain.

springen, a, u, intr., s., spring, leap, jump.

spritzen, tr. and intr., gush, squirt, splash, spatter.

Spruch, –(e)s, ⁼e, m., saying, proverb.

sprühen, tr. and intr., fly out in sparks, sparkle, flash.

Sprung, –(e)s, ⁼e, m., leap.

Sprungfedermatratze, –, –n, f., spring mattress.

spüren, tr., trace, track, feel, perceive.

Staat, –es, –en, m., state.

Staatenbund, –es, ⁼e, m., confederation, confederacy.

staatlich, adj., belonging or pertaining to the state.

Staatsverwaltung, –, –en, f., administration of the state.

Stab, –es, ⁼e, m., staff.

stachlig, adj., prickly, thorny.

Stadt, –, ⁼e, f., city, town.

Stadtbrief, –(e)s, –e, m., city letter.

Städtchen, –s, –, n., little city or town.

Stadtleute, pl., city folks.

Stadtteil, –(e)s, –e, m., part or quarter of a city.

Stadtverwaltung, –, –en, f., city administration.

Stadtviertel, –s, –, n., quarter of a city.

Stahl, –es, m., steel.

stählen, tr., harden, strengthen.

Stahlreif, –s, –e, m., steel tire, steel hoop.

Stall, –(e)s, ⁼e, m., stable.

Stamm, –(e)s, ⁼e, m., stem, trunk, tribe; **Volksstamm,** tribe.

Stammburg, –, f., ancestral castle.

stämmig, *adj.*, stocky, stout, sturdy.

Stämmlein, –s, –, *n.*, little trunk, little tree.

stampfen, *intr.*, stamp, paw, *tr.*, stamp, pound, beat.

Stand, –es, ̎e, *m.*, stand, position, rank, class.

stand, *see* stehen.

Standbild, –(e)s, –er, *n.*, statue.

Stange, –, –n, *f.*, pole, stick, perch.

Stapelhof, –es, ̎e, *m.*, emporium.

stark (stärker, stärkst), *adj.*, strong, vigorous.

Stätte, –, –n, *f.*, or Statt, *f.*, place, stead.

statt'-finden, a, u, *intr.*, take place.

stattlich, *adj.*, stately, grand, magnificent.

Stechpalmenstrauch, –(e)s, ̎er, *m.*, holly bush.

Stecken, –s, –, *m.*, stick.

stecken, *tr.*, stick, put, slip, thrust into.

stehen, stand, gestanden, *intr.*, stand, stop, remain; gut —, (*with dat.*) become well; dafür —, vouch.

steigen, ie, ie, *intr.*, f., rise, climb, ascend.

steil, *adj.*, steep.

Stein, –(e)s, –e, *m.*, stone.

Steindruck, –(e)s, –e, *m.*, lithography.

steinern, *adj.*, of stone.

steinig, *adj.*, stony.

Steinmetz, –en, –en, *m.*, stonecutter, mason.

Stelle, –, –n, *f.*, place, spot.

stellen, *tr.*, put, place, lay.

Stellung, –, –en, *f.*, position.

sterben, a, o, *intr.*, f., die, depart.

stet, *adj.*, steady, slow, considerate.

stets, *adv.*, steadily, continually, always.

Stettin, *proper name*, a Prussian city on the Baltic Sea.

Steuer, –, –n, *f.*, tax.

steuern, *tr.*, steer, pilot.

Steuerrad, –(e)s, ̎er, *n.*, steering wheel.

Stickerei, –, –en, *f.*, embroidery.

Stiefel, –s, –, *m.*, boot; hohe —, top-boots.

Stiftung, –, –en, *f.*, donation, foundation.

Stiftungsfest, –es, –e, *n.*, commemoration day, anniversary.

Stil, –(e)s, –e, *m.*, style.

Stille, –, *f.*, stillness, calm.

Stimme, –, –n, *f.*, voice.

Stimmung, –, –en, *f.*, mood.

Stock, –(e)s, ̎e, *m.*, stick, cane, story (of a house).

Stockwerk, –(e)s, –e, *n.*, story (of a building).

stolz, *adj.*, proud, stately; — tun, boast.

stören, *tr.*, disturb.

Stoß, –es, ˣe, m., push, thrust, knock, jerk.

stoßen, ie, o, tr., thrust, push; **auf—,** hit upon; **zu—,** befall.

Strafe, –, –n, f., punishment, fine.

Strahl, –(e)s, –en, m., ray.

strahlen, intr., beam, radiate.

strahlend, adj., beaming, radiant.

stramm, adj., strained, tight, solid, bold; **—e Haltung,** erect posture.

Strand, –es, ˣe, m., strand, bank.

Straße, –, –n, f., street.

Strauch, –(e)s, ˣer, m., bush, shrub.

Strauß, –es, ˣe, m., bunch of flowers, bouquet; fight; –es, –e or –en, ostrich.

streben, intr., strive, aim, tend.

Strecke, –, –n, f., stretch, distance.

strecken, tr., stretch, extend.

Streich, –(e)s, –e, m., stroke, blow, lash, trick, prank.

Streifen, –s, –, m., strip, slice, stripe, streak.

Streit, –es, m., dispute, quarrel, feud.

streiten, stritt, gestritten, intr. and refl., dispute, have a quarrel, fight.

streng, adj., strict, severe, harsh.

streuen, tr., scatter, strew, spread.

stricken, tr. and intr., knit.

Strickleiter, –, –n, f., rope-ladder.

Strickstrumpf, –(e)s, ˣe, m., stocking which is being knit.

Stroh, –(e)s, n., straw.

Strohdach, –(e)s, ˣer, n., straw roof. [hat.

Strohhut, –es, ˣe, m., straw

Strom, –(e)s, ˣe, m., (large) river.

Stube, –, –n, f., room.

Stübchen, –s, –, n., little room.

Stück, –(e)s, –e, n., piece.

Stückchen, –s, –, n., little piece. [dent.

Student, –en, –en, m., stu-

Studentenverbindung, –, –en, f., students' club, fraternity.

Studentenverein, –(e)s, –e, m., association of students, students' club.

Studien, pl., studies.

Stufe, –, –n, f., step, grade.

Stuhl, –(e)s, ˣe, m., chair, stool.

Stulpenhandschuh, –s, –e, m., gauntlet, fencing glove.

stumm, adj., dumb, silent.

stumpf, adj., blunt.

Stunde, –, –n, f., hour.

stürzen, intr., s., tumble, fall; tr., throw, precipitate, hurl along.

ſuchen, *tr.,* seek, look for, search.

Süddeutſch–, *decl. like adj., m.,* native of southern Germany.

Süden, –s, *m.,* south.

ſüdwärts, *adv.,* southward.

Suppe, –, –n, *f.,* soup.

ſüß, *adj.,* sweet.

Szene, –, –n, *f.,* scene.

T

Tabakmarkt, –(e)s, ⁎e, *m.,* tobacco market.

tabellos, *adj.,* faultless, blameless.

Tafel, –, –n, *f.,* slate, dining table, dinner.

Tag, –(e)s, –e, *m.,* day.

Takt, –(e)s, –e, *m.,* measure, time, discretion.

Tal, –(e)s, ⁎er, *n.,* valley.

Tambour, –s, –e, *m.,* drummer.

Tanz, –es, ⁎e, *m.,* dance.

Tanzſaal, –(e)s, ⁎e, *m.,* dancing hall.

tapfer, *adj.,* brave.

Tapferkeit, –, *f.,* bravery.

Tarif, –(e)s, –e, *m.,* tariff, table of rates.

Taſche, –, –n, *f.,* pocket.

Taſchenuhr, –, –en, *f.,* watch.

Taſſe, –, –n, *f.,* cup.

Tat, –, –en, *f.,* deed, act.

Tätigkeit, –, –en, *f.,* activity, work.

Tatkraft, –, *f.,* energy.

tauglich, *adj.,* fit.

Taunusgebirge, –es, *n.,* Taunus mountains.

tauſend, *num.,* thousand.

Tee *or* **Thee,** –s, *m.,* tea.

Teich, –(e)s, –e, *m.,* pond.

Teil, –(e)s, –e, *m. or n.,* part, deal, share.

teilen, *tr.,* divide, part, deal.

Teilnahme, –, *f.,* interest, sympathy.

teil'=nehmen, nimmt –, nahm –, –genommen, *intr.,* take part, participate, sympathize.

Teller, –s, –, *m.,* plate.

Teppich, –(e)s, –e, *m.,* carpet, rug.

teuer, *adj.,* dear, costly.

Teufel, –s, –, *m.,* devil.

Theater, –s, –, *n.,* theater.

Theaterzettel, –s, –, *m.,* play bill, program.

Thüringen, *n., proper name,* Thuringia, tract of central Germany including the Thuringian forest.

tief, *adj.,* deep, low, profound.

Tiefebene, –, –n, *f.,* lowland.

tiefgelegen, *adj.,* low.

tiefgrün, *adj.,* deep *or* dark green.

Tier, –es, –e, *n.,* animal, brute; —**garten,** *m.,* zoölogical garden; —**ſamm=lung,** *f.,* menagerie, zoölogical museum.

Tinte, –, –n, f., ink.
Tiroler, –s, –, m., native of the Tyrol.
Tisch, –(e)s, –e, m., table.
Tischnachbar, –s, –n, m., neighbor at the table.
Tischtuch, –(e)s, ⁻er, n., table cloth.
Titisee, m., *proper name,* a lake in the Black Forest.
Tochter, –, ⁻, f., daughter.
Tod, –es, m., death.
Todesfall, –es, ⁻e, m., (case of) death.
Ton, –(e)s, ⁻e, m., tone, sound. note.
Tondichter, –s, –, m., composer.
Tonne, –, –n, f., tun, large cask, barrel.
Tonware, –, –n, f., crockery.
Tonwerkzeug, –es, –e, n., musical instrument.
Topf, –(e)s, ⁻e, m., pot, vessel.
Tor, –(e)s, –e, n., door, gate; der Torbogen, arched door, portal.
tot, adj., dead.
töten, tr., kill.
Tracht, –, –en, f., load, clothes, costume.
traf, see treffen.
tragen, u, a, tr., carry, bear, wear, bring.
Trambahn, –, –en, f., trolley.
Tränlein, –s, –, n., little tear.
Träumer, –s, –, m., dreamer.

traurig, adj., sad.
traut, adj., dear.
treffen, traf, getroffen, tr. or intr., meet, hit, strike.
trefflich, adj., excellent, first-rate.
treiben, tr., do, carry on, drive.
Treiben, –s, n., doings, bustle.
Treppe, –, –n, f., staircase, stairs, steps.
treten, tritt, trat, getreten, intr., ſ., tread, walk, step, go out of.
treuherzig, adj., true-hearted, sincere.
trinken, a, u, tr., drink.
Trinkgeld, –s, –er, n., tip.
Trinkhalle, –, –n, f., hall for the drinking of mineral waters.
trocken, adj., dry.
Trog, –(e)s, ⁻e, m., trough.
Trommler, –s, –, m., drummer.
Trompetenklang, –(e)s, ⁻e, m., trumpet sound.
Trost, –(e)s, m., consolation.
trösten, tr., console, comfort.
trotz, prep. (dat. or gen.), in spite of.
trotzdem, adv., in spite of, nevertheless.
Trunk, –(e)s, m., drinking, draft, drink.
Tuch, –es, ⁻er, n., cloth.
Türe, –, –n, f., door.

tun, tat, getan, _tr._, do, act,
make; zu — bekommen,
have to deal with, come
into collision with.

Turm, –(e)s, ⁻e, _m._, tower,
steeple.

turmhoch, _adj._, as high as a
tower.

Turnanstalt, –, –en, _f._, hall
for gymnastics, gym-
nasium.

U

übel, _adj._, evil, bad; — nehmen, take ill _or_ amiss, be
offended.

üben, _tr._, practice, exercise,
train.

über, _prep._ (_dat. or acc._),
over, above, about, more
than, across, beyond; _adv._
and sep. and insep. pref.

überall, _adv._, everywhere.

ü'bereinan'der, _adv._, one
upon another.

überge'ben, –gibt, –gab, –geben, _tr._, hand, surrender,
give up.

ü'bergewicht, –s, _n._, over-
weight.

überra'gen, _tr._, rise above,
surpass.

überrasch'en, _tr._, surprise,
come suddenly upon.

überschrei'ten, –schritt, –schritten, _tr._, cross.

ü'ber-setzen, _tr. or intr._, take

over, cross over; _insep._,
translate.

übersetz'ung, –, –en, _f._, trans-
lation.

übertra'gen, u, a, _tr._, trans-
port, transfer.

übertreffen, –traf, –troffen,
_tr._, surpass, beat.

übertrei'bung, –, –en, _f._, ex-
aggeration.

überwäl'tigt, _part._, over-
powered.

überzie'hen, –zog, –zogen, _tr._,
cover, overspread.

ü'berzieher, –s, –, _m._, over-
coat.

übrig, _adj._, left over, left,
other.

übrigens, _adv._, moreover, besides, however.

übung, –, –en, _f._, practice,
exercise, maneuver.

Ufer, –s, –, _n._, shore, bank.

Uhr, –, –en, _f._, watch, clock;
vier —, four o'clock.

Uhrenhändler, –s, –, _m._,
dealer in clocks and
watches.

Uhrmacher, –s, –, _m._, watch-
maker.

um, _prep._ (_acc._), around,
about, near; — so, so
much the; — zu (_with in-
finitive_), in order to; _adv._,
sep. and insep. pref.,
around, about.

umfass'en, _tr._, embrace, clasp.

umge'ben, –gibt, –gab, –geben, _tr._, surround, environ

Umge'bung, –, *f.,* surroundings; attendants, company.

umher', *adv. and sep. pref.,* around, about.

umher'=gehen, ging –, –gegangen, *intr.,* walk about.

um'=kleiden, *refl.,* change one's clothes.

umrauscht', *part.,* surrounded by the rustling.

umsonst', *adv.,* for nothing, in vain.

um'=steigen, stieg –, –gestiegen, *intr.,* s., change cars.

um'=wechseln, *tr.,* change, exchange.

Unabhängigkeit, –, *f.,* independence.

unbedeutend, *adj.,* insignificant.

unbeholfen, *adj.,* awkward.

unbestimmt, *adj.,* undecided, uncertain.

und, *conj.,* and.

Undank, –(e)s, *m.,* ingratitude.   [ested.

uneigennützig, *adj.,* disinter-

uneinig, *adj.,* disagreeing, at variance.

unentbehrlich, *adj.,* indispensable.

unermüdlich, *adj.,* indefatigable, untiring.

unerreicht, *part.,* unapproached, unattained.

Unfall, –(e)s, ˣe, *m.,* accident.

Ungarn, *proper name,* Hungary.

ungeheuer, *adj.,* gigantic, immense.

ungeschliffen, *adj.,* not ground, rough, uncouth.

U'niform, –, –en, *f.,* uniform.

Universität', –, –en, *f.,* university.

Universitäts'stadt, –, ˣe, *f.,* university city.

Unkraut, –s, ˣer, *n.,* weed, tares.

unmittelbar, *adj.,* immediate, direct.

unmöglich, *adj.,* impossible.

unnötig, *adj.,* unnecessary.

unparteiisch, *adj.,* impartial; *as noun,* umpire.

unregelmäßig, *adj.,* irregular.

Unregelmäßigkeit, –, –en, *f.,* irregularity.

uns, *dat. and acc. of* wir.

unschicklich, *adj.,* unbecoming.

unser, *pers. pron., gen. of* wir, of us; *poss. pron.,* our.

unsterblich, *adj.,* immortal.

unten, *adv.,* below, beneath.

unter, *prep.* (*dat. and acc.*), under, below, among; *adv., and sep. and insep. pref.,* under, below, between, among.

unterbrech'en, a, o, *tr.,* interrupt, stop, discontinue.

Un'terhalt, –es, *m.,* support.

unterhal'ten, ie, a, *tr., refl.,* entertain, amuse, converse.

Unterhal'tung, –, –en, f., conversation.

Un'terholz, –es, n., underbrush.

un'terir'disch, adj., subterranean.

unterlie'gen, a, e, intr., f., fail, succumb.

Unterneh'mung, –, –en, f., enterprise.

Unterre'dung, –, –en, f., conversation, conference.

unterrich'ten, tr., instruct, teach.

Un'terschied, –(e)s, –e, m., difference.

Unterstüt'zung, –, –en, f., support, aid, assistance.

untersu'chen, tr., examine.

Un'tertan, –s and –en, –en, m., subject.

unterwegs', adv., on the way.

Un'terzeug, –(e)s, –e, n., underclothes.

untröstlich, adj., inconsolable.

ununterbrochen, adj., uninterrupted, continuous.

unvergeßlich, adj., unforgotten, memorable.

unverheiratet, adj., unmarried.

unverletzlich, adj., invulnerable.

unwohl, adj., unwell, indisposed.

üppig, adj., luxuriant, luxurious.

uralt, adj., very old.

Ursprung, –s, m., origin.

Urteil, –s, –e, n., judgment, sentence, opinion.

B

Vater, –s, ⸗, m., father.

Vaterland, –(e)s, ⸗er, n., native country.

Vaterunser, –s, n., the Lord's prayer.

verabschieden, tr., dismiss; sich —, to take leave.

veralten, intr., f., grow old, grow antiquated, get obsolete.

verändern, tr. and refl., change, vary.

Veränderung, –, –en, f., change.

verantwortlich, adj., responsible.

verbergen, a, o, tr., hide.

verbeugen, refl., bow.

verbieten, o, o, tr., forbid, prohibit.

verbinden, a, u, tr., bind up, bandage, join, connect; verbunden sein, to be obliged.

Verbindung, –, –en, f., union, connection, association, club.

verblüffen, tr., confuse, puzzle, confound.

Verbot, –(e)s, –e, n., prohibitive rule.

Verbrechen, –s, –, *n.*, crime.

verdanken, *tr.*, owe.

Verderben, –s, *n.*, destruction, corruption, ruin.

verdienen, *tr.*, earn, deserve, merit.

Verdienst, –es, –e, *m.*, earnings, profit; *n.*, merit.

verehren, *tr.*, honor, revere.

Verein, –(e)s, –e, *m.*, association, club.

vereinen, *tr.*, unite, associate.

vereinigen, *tr.*, unite, join.

Verfassung, –, –en, *f.*, constitution.

vergangen, *see* **vergehen.**

Vergangenheit, –, *f.*, past, time past.

vergehen, verging, vergangen, *intr.*, f., pass away *or* by; decay, languish.

vergessen, vergißt, vergaß, vergessen, *tr.*, forget.

verging, *see* **vergehen.**

Vergleich, –(e)s, –e, *m.*, comparison, agreement, settlement.

vergleichen, i, i, *tr.*, compare.

Vergnügen, –s, –, *n.*, pleasure, amusement.

Verheerung, –, –en, *f.*, devastation.

verhindern, *tr.*, hinder, prevent.

verhüten, *tr.*, prevent.

Verkauf, –(e)s, ⁻e, *m.*, sale.

Verkäufer, –s, –, *m.*, salesman.

Verkehr, –s, *m.*, traffic, commerce.   [for.

verlangen, *tr.*, demand, ask

verlassen, verläßt, verließ, verlassen, *intr.*, leave, depart, forsake; sich — auf, rely upon.

verleben, *tr.*, spend, pass.

verlegen, *adj.*, embarrassed.

Verlegenheit, –, –en, *f.*, embarrassment, perplexity.

verleihen, ie, ie, *tr.*, lend out, bestow, confer.

verlesen, a, e, *tr.*, read out (an order, a list of names).

verlieren, o, o, *tr.*, lose.

vermachen, *tr.*, bequeath.

vermieten, *tr.*, let.

Vermögen, –s, –, *n.*, fortune.

vermuten, *tr.*, suppose, suspect.

verneigen, *refl.*, bow.

vernichten, *tr.*, annihilate, destroy.

veröffentlichen, *tr.*, publish.

verraten, ie, a, *tr.*, betray.

versammeln, *tr. and refl.*, assemble, collect, convene.

Versammlung, –, –en, *f.*, assembly, meeting.

versäumen, *tr.*, miss, neglect.

verschieden, *adj.*, different, various.

Verschiedenheit, –, –en, *f.*, variety, difference.

verschlingen, a, u, *tr.*, intertwine, twist; devour.

verschwinden, a, u, *intr.*, f., vanish, disappear.

versenden, versandte, versandt or versenbet, tr., send away, mail.

versenken, tr., sink, submerge.

versetzen, tr., misplace, transfer, answer, reply.

Versichert–, decl. like adj., m., the person insured.

Versicherung, –, f., assurance, insurance.

Versicherungsgesetz, –es, –e, n., insurance law.

versöhnen, tr., reconcile.

verspäten, tr., delay; refl., come too late.

verspeisen, tr., eat, consume.

verspotten, tr., scoff (at), deride.

versprechen, a, o, tr., promise; sich —, to mistake, err in speaking.

Versprechen, –s, –, n., promise.

Verstand, –es, m., understanding, intellect, judgment.

verständlich, adj., intelligible.

verstehen, verstand, verstanden, tr., understand, hear, catch, comprehend.

versteuern, tr., to pay duties for.

Versuch, –(e)s, –e, m., trial, experiment.

versuchen, tr., try, attempt, tempt, taste.

verteidigen, tr., defend.

verteilen, tr., distribute.

Verteilung, –, f., distribution.

Vertonung, –, –en, f., (musical) composition, setting.

Vertrag, –s, ⁔e, m., treaty, contract.

vertragen, u, a, tr. and refl., stand, endure, come to an understanding, agree.

Vertrauen, –s, n., confidence.

vertraut, part. adj., intimate.

vertreten, tr., represent.

Vertreter, –s, –, m., representative.

verüben, tr., perpetrate.

verunglückt, part. adj., having met with an accident.

verwalten, tr., administer, manage, govern.

verwandeln, tr., change, transform.

Verwandt–, decl. like adj., m., relative, relation.

verwerfen, tr., reject.

verwunden, tr., wound.

verwundern, tr. and refl., astonish, surprise, amaze.

Verwunderung, –, f., astonishment.   [wounding.

Verwundung, –, –en, f.,

verzaubern, tr., enchant.

verzehren, tr., eat up, consume, devour; sich —, consume one's self.

verzeihen, ie, ie, tr., pardon, excuse.

Verzeihung, –, f., pardon.

verziert, part. adj., ornamented, decorated.

Verzierung, –, –en, *f.*, ornament, decoration, tracery.
verzollen, *tr.*, pay duty on.
Vetter, –s, *m.*, cousin.
Vieh, –(e)s, *n.*, beast, brute, cattle.
Viehzucht, –, *f.*, cattle raising, stock breeding.
viel, *adj.*, much, a great deal; **viele,** many; (*comp.*, **mehr,** more; *sup.*, **meist,** most).
vielleicht, *adv.*, perhaps.
Viertel, –s, –, *n.*, quarter.
Viertelstunde, –, –n, *f.*, quarter of an hour.
vierundzwanzig, *num.*, twenty-four.
vierzehnjährig, *num. adj.*, of fourteen years.
Visitenkarte, –, –en, *f.*, visiting card.
Vogelschießen, –s, –, *n.*, bird-shooting, shooting at the popinjay.
Vöglein, –s, –, *n.*, little bird.
Volksfest, –es, –e, *n.*, popular festival.
Volksschule, –, *f.*, public school.
Volksstamm, –s, ⸗e, *m.*, tribe.
volkstümlich, *adj.*, popular.
Volksvertreter, –s, –, *m.*, representative of the people.
voll, *adj.*, full, whole; *sep. or insep. pref.*
vollenden, *tr.*, finish, complete, perfect, accomplish.
vollends, *adv.*, entirely, completely.
vom, *for* **von dem.**
von, *prep.* (*dat.*), of, from, by, about.
vor, *prep.* (*dat. and acc.*), before, above, at, for, from, of, ago, forward, on.
voran'⸗tragen, trägt –, trug –, –getragen, *tr.*, carry before.
vorbei, *adv. and sep. pref.*, past, by, gone.
vorder–, *adj.*, fore, front, anterior.
Vorderseite, –, –n, *f.*, front, façade.
Vorfahre, –n, –n, *m.*, ancestor.
Vorfall, –s, ⸗e, *m.*, occurrence.
vor'⸗fallen, fällt vor, vorfiel, vorgefallen, *intr.*, happen.
Vorgarten, –s, ⸗, *m.*, small garden in front of a house.
vorgestellt, *part.*, introduced to.
Vorhang, –(e)s, ⸗e, *m.*, curtain.
vorher, *adv. and sep. pref.*, before.
vorhin, *adv.*, before, a short while ago.
vorig, *adj.*, former, previous, last.
vor'⸗kommen, kam vor, vorgekommen, *intr.*, appear, happen.
Vorliebe, –, *f.*, predilection.
Vormittag, –(e)s, –e, *m.*, forenoon.

vorn, *adv.,* in front, before; **nach —,** forward.

vornehm, *adj.,* fine, aristocratic, exclusive, elegant; **vornehme Welt,** aristocracy.

Vorort, –s, –e, *m.,* suburb.

Vorortzug, –(e)s, *"*e, *m.,* suburban train, local train.

Vorrat, –(e)s, *"*e, *m.,* store, provisions.

Vorrecht, –es, –e, *n.,* privilege, prerogative.

Vorschlag, –(e)s, *"*e, *m.,* proposition, suggestion.

vor'=schlagen, u, a, *tr.,* propose, suggest.

Vorschrift, –, –en, *f.,* prescription, rule.

Vorspeise, –, –n, *f.,* entrée, side dish.

vor'=springen, a, u, *intr.,* project.

vor'=stellen, *tr.,* put before, introduce, represent; **sich —,** imagine.

Vorstellung, –, –en, *f.,* representation, performance.

Vorteil, –(e)s, –e, *m.,* advantage.

Vortrag, –s, *"*e, *m.,* lecture; **Klaviervortrag,** recital *or* selection on the piano.

vor'=tragen, u, a, *tr.,* put, place before, present, deliver, execute.

vor'=treten, tritt vor, trat vor, vorgetreten, *intr.,* step forward.

vorüber, *adv. and sep. pref.,* over, by, past, on.

Vorübergehend–, *decl. like adj.,* passer-by.

vorwärts, *adv.,* forward, on.

vor'=zeigen, *tr.,* show, present.

W

wachsen, u, a, *intr.,* f., grow, increase.

Wachstum, –(e)s, *n.,* growth, vegetation.

Wacht, –, *f.,* watch, guard.

Wachtturm, –(e)s, *"*e, *m.,* watchtower. [arms.

Waffe, –, –n, *f.,* weapon,

Waffenbruder, –s, *"*, *m.,* companion in arms.

Waffenhalle, –, –n, *f.,* armory.

Wagen, –s, –, *m.,* wagon, carriage.

Wagnertheater, –s, *n.,* the theater founded by Wagner.

Wahlbezirk, –s, –e, *m.,* voting district.

wählen, *tr.,* choose, select.

Wahlspruch, –es, *"*e, *m.,* motto.

wahr, *adj.,* true, perfect.

während, *prep.* (*gen.*), during; *conj.,* while.

wahrhaftig, *adv.,* truly, really, indeed.

Waise, –, –n, *f.,* orphan.

Wald, –es, *"*er, *m.,* forest;

Waldesgrün, *n.,* green of the forest.

waldig, *adj.,* woody, wooded.

walten, *intr.,* govern, rule.

Walzer, –ß, –, *m.,* waltz.

Wand, –, ˣe, *f.,* wall.

Wanderburſch, –en, –en, *m.,* traveling journeyman.

Wanderlied, –eß, –er, *n.,* wanderer's song.

wandern, *intr.,* ſ., wander.

Wanderung, –, –en, *f.,* wandering.

Wandgemälde, –ß, –, *n.,* mural *or* wall painting.

wandte, *see* **wenden.**

Wange, –, –n, *f.,* cheek.

wanken, *intr.,* totter, shake.

wann, *adv.,* when.

Wappen, –ß, –, *n.,* coat of arms.

war, *see* **ſein.**

warb, *see* **werben.**

Ware, –, –n, *f.,* ware, goods.

Warenhaus, –eß, ˣer, *n.,* department store.

warm (wärmer, wärmſt–), *adj.,* warm.

warnen, *tr.,* warn, caution.

Wartburg, *f., proper name,* a castle in Thuringia.

Warte, –, *f.,* watchtower.

warten, *tr.,* attend, wait on; *intr., with* auf *and* acc., wait for; *intr.,* wait, stay.

Wartezimmer, –ß, –, *n.,* waiting room.

Wart'turm, –(e)ß, –türme, *m.,* watchtower, lookout.

warum, *adv.,* why, on what account.

was, *interrog. and rel. pron.,* what, that which; why.

waſchen, u, a, *tr.,* wash.

Waſchſchüſſel, –, –n, *f.,* wash bowl.

Waſchtiſch, –(e)ß, –e, *m.,* wash stand.

Waſſer, –ß, –, *n.,* water; zu — werden, come to naught, fall through.

Waſſerbecken, –ß, –, *n.,* water basin.

Waſſerfall, –(e)ß, ˣe, *m.,* waterfall.

Waſſerflaſche, –, –n, *f.,* water bottle, decanter.

Waſſerleitung, –, –en, *f.,* aqueduct.

Waſſerſtrahl, –(e)ß, –en, *m.,* stream of water, water-spout, jet of water.

Waſſerſtraße, –, –n, *f.,* waterway, canal, river.

weben, *tr.,* weave.

Weberei, –, –en, *f.,* weaving, weaving mill.

Wechſel, –ß. –, *m.,* change, turn, draft, commercial note.

wechſeln, *tr. and intr.,* change, exchange, alternate.   [rouse.

wecken, *intr.,* wake, awake,

weder...noch, *conj.,* neither ...nor.

Weg, –(e)ß, –e, *m.,* way, street.

weg, *adv. and sep. pref.*, away.

wegen, *prep.* (*w. gen.*), on account of, in regard to.

Wegweiser, –s, –, *m.*, guide-post.

Weh, –(e)s, –en, *n.*, woe, pain, ache, grief.

Weh(e)n, –s, *n.*, blowing, breeze, breath.

Wehr, –, –en, *f.*, defense, bulwark, arms.

weiblich, *adj.*, feminine, female.

weich, *adj.*, soft, tender.

Weichsel, *f.*, *proper name*, Vistula, a river in Germany.

Weide, –, –n, *f.*, willow.

weil, *conj.*, because.

Weimar, *n.*, *proper name*, a city in Thuringia.

Wein, –(e)s, –e, *m.*, wine.

Weinberg, –(e)s, –e, *m.*, vineyard.

Weinkarte, –, –n, *f.*, wine list.

Weise, –, –n, *f.*, mode, manner, tune, song.

weisen, ie, ie, *tr.*, show, point out.

weiß, *adj.*, white.

Weißbrot, –(e)s, –e, *n.*, wheat bread.

weißt, *see* wissen.

Weisung, –, –en, *f.*, direction.

weit (–er, –est), *adj.*, wide, far; farther, further;

farthest, furthest; von weitem, from afar.

welch– (–er, –e, –es), *rel. and interrog. pron.*, who, which, that, what, what a.

Welle, –, –n, *f.*, wave, billow.

Welt, –, –en, *f.*, world.

Weltausstellung, –, –en, *f.*, world's exposition.

Weltruf, –s, *m.*, world-wide *or* international reputation.

wem, *dat. of* wer.

wen, *acc. of* wer.

wenden, wandte, gewandt *or* gewendet, *tr.*, turn, apply; sich —, turn.

Wendung, –, –en, *f.*, turn.

wenig, *adj.*, little, few; ein —, a little.

wenn, *conj.*, if, when; — auch, — gleich, — schon, even if.

wer, *interrog. pron.*, who.

werden, wird, ward *or* wurde, geworden, *aux.*, f., become, grow, get, shall, will, be.   [fling, cast.

werfen, a, o, *tr.*, throw,

Werft, – *or* –(e)s, –e, *f. or n.*, wharf, quay, mole.

Werk, –es, –e, *n.*, work, action, deed.

Werkstatt, –, ″en, *f.*, shop, workshop, laboratory.

Wert, –(e)s, –e, *m.*, value.

wertvoll, *adj.*, valuable.

Weser, *f.*, *proper name*, a German river.

weshalb, adv., wherefore, on whose or which account.

Weste, –, –n, f., vest, waistcoat.

Westen, –s, m., west.

Westentasche, –, –n, f., vest pocket.

Westfalen, n., proper name, Westphalia.

westfälisch, adj., Westphalian.

westlich, adj., western.

Wette, –, –n, f., bet, wager; um die —, in rivalry.

Wetter, –s, –, n., weather, storm; alle —! zounds! well, now! who would have thought it!

wetterbraun, adj., tanned by the weather.

wichtig, adj., important.

widmen, tr., devote, dedicate.

wie, interrog. and rel. adv., how; conj., as, like as, such as, when; — auch, however much.

wieder, adv. and sep. or insep. pref., again, anew, back.

wieder'=geben, gibt wieder, gab wieder, wiedergegeben, tr., give back, return, render.

wieder'=kommen, intr., f., return, come again.

Wie'dersehen, –s, –, n., seeing or meeting again.

Wiege, –, –n, f., cradle.

wiegen, o, o, tr., weigh, rock, move gently.

Wienerschnitzel, –s, –, n., veal cutlet (Vienna style).

Wiesbaden, n., proper name, a city with mineral springs in the Taunus mountains.

Wiese, –, –n, f., meadow.

Wild, –(e)s, n., game.

wild, adj., wild, savage.

will, see wollen.

Willkomm, –s, m., welcome.

willkommen, part. adj., welcome.

Wind, –es, –e, m., wind.

Wipfel, –s, –, m., top of a tree.

wir, pers. pron., we.

Wirbel, –s, –, m., whirl, roll (of a drum).

wirken, tr. or intr., work, labor, produce.

wirklich, adj., real, actual, effectual; adv., indeed.

wirtschaftlich, adj., economic.

Wirtshaus, –es, ˟er, n., inn, hotel.

Wirtstafel, –, –n, f., guest's table, table d'hôte.

wissen, weiß, wußte, gewußt, tr., know; — zu (with inf.), know how to.

wissenschaftlich, adj., scientific.

wissenswert, adj., worthy to be known.

Witwe, –, –n, f., widow.

witzig, adj., witty.

wo, adv., where, when.

Woche, –, –n, f., week.

wöchentlich, adj., weekly.

woher, *adv.*, whence.

wohin, *adv.*, whither.

wohl, *adv.*, well, probably, to be sure, surely; ja—, yes, indeed.

wohlbekannt, *adj.*, well-known.

Wohlfahrt, –, *f.*, welfare.

wohlhabend, *adj.*, well-do-ing, well off.

wohlschmeckend, *adj.*, savory, aromatic.

Wohlstand, –es, *m.*, welfare, prosperity.

wohltuend, *adj.*, pleasing, beneficial.

wohlverdient, *adj.*, well de-served.

Wohnsitz, –es, –e, *m.*, resi-dence, abode.

Wohnung, –, –en, *f.*, dwelling, abode, residence.

Wohnzimmer, –s, –, *n.*, sit-ting room.

wolkenlos, *adj.*, cloudless.

wollen, will, wollte, gewollt, *mod. aux.*, will, want, in-tend, be on the point of.

Worms, *proper name*, a city on the Rhine.

Wort, –es, ⁺er, *n.*, word; *pl.* –e, connected words.

wörtlich, *adj.*, literal.

worüber, *adv.*, over which *or* what, whereupon, whereat.

worunter, *conj.*, among which *or* what.

wund, *adj.*, sore.

Wunde, –, –n, *f.*, wound.

wunderbar, *adj.*, wonderful, marvelous.

wunderlich, *adj.*, strange, singular, quaint, queer.

wundersam, *adj.*, wonderful.

wunderschön, *adj.*, wonder-fully fair, admirably beau-tiful.

Wunsch, –(e)s, ⁺e, *m.*, wish, desire.

wünschen, *tr.*, wish, desire, long for.

Wupper, *f.*, *proper name*, a German river.

würdig, *adj.*, worthy.

Wurst, –, ⁺e, *f.*, sausage.

Würstchen, –s, –, *n.*, little sausage.

Württemberg, *n.*, *proper name*, Württemberg, a kingdom in Germany.

Würzburg, *proper name*, a city in Bavaria.

wußte(n), *see* wissen.

Wüste, –, –n, *f.*, desert.

wütend, *adj.*, furious.

Z

zäh(e), *adj.*, tough, tena-cious.

Zahl, –, –en, *f.*, number.

zählen, *tr.*, count; *intr.*, number.

Zahlmeister, –s, –, *m.*, purser.

zahlreich, *adj.*, numerous.

Zauber, –s, *m.,* spell, magic, charm.

Zauberer, –s, –, *m.,* magician.

Zaun, –(e)s, ⸗e, *m.,* hedge, fence.

Zehe, –, –n, *f.,* toe.

zehn, *num.,* ten.

zehnt–, *num. adj.,* tenth.

Zeichen, –s, –, *n.,* sign, signal.

zeichnen, *tr.,* mark, sign, draw.

Zeichnung, –, –en, *f.,* drawing.

zeigen, *tr.,* show, point out.

Zeile, –, –n, *f.,* line, row.

Zeit, –, –en, *f.,* time, season; **mit der —,** in the course of time; **zu seiner —,** in due time.

Zeitschrift, –, –en, *f.,* magazine.

Zeitung, –, –en, *f.,* newspaper.

zerstreut, *adj.,* absent-minded, distracted.

Zerstreutheit, –, *f.,* absence of mind.

Zettel, –s, –, *m.,* bit of paper, bill, placard.

Zeug, –(e)s, –e, *n.,* stuff, cloth, material, trash.

Zeughaus, –es, ⸗er, *n.,* arsenal, armory, museum of arms and trophies.

ziehen, zog, gezogen, *intr., ſ.,* move, ·proceed, go; *tr.,* draw, pull, rear, bring up.

Ziel, –(e)s, –e, *n.,* aim, term, limit, goal.

Zielscheibe, –, –n, *f.,* target; **— des Witzes,** butt of jest, laughing stock.

ziemlich, *adv.,* rather, tolerably.

Zier, –, *f.,* ornament.

Zimmer, –s, –, *n.,* room, chamber.

Zimmermann, –s, *pl.,* –leute, *m.,* carpenter.

Zimmertüre, –, –n, *f.,* chamber door.

Zither, –, –n, *f.,* cithern, zither (a musical instrument).

Zivil, –s, *n.,* civil dress.

zog, *see* **ziehen.**

zögern, *intr.,* hesitate.

Zoll, –(e)s, ⸗e, *m.,* duty, toll.

Zoll, –(e)s, –e, *m.,* inch.

Zollamt, –(e)s, ⸗er, *n.,* custom house.

Zollmann, –s, *m.,* toll man, toll collector.

Zöllner, –s, –, *m.,* receiver of the customs.

zu, *prep.* (*dat.*), to, unto, toward, at, by, besides, in addition, as; *adv. and sep. pref.,* to, on, forward, too (*before an adj.*).

Zucker, –s, *m.,* sugar.

Zuckerbäckerei, –, –en, *f.,* confectionery.

Zuckerrübenindustrie, –, *f.,* beetroot industry.

Zuckerwerk, –(e)s, n., sweetmeats.

Zuckerzeug, –(e)s, n., sweetmeats.

zuerst, adv., at first, first.

zufällig, adj., accidental, casual.

zufrieden, adj., contented, satisfied.

Zug, –(e)s, ᵉe, m., train, procession; draft.

zu'=gehen, ging zu, zugegangen, intr., happen, take place.

zugenommen, see zunehmen.

zuging, see zugehen.

zugleich' adv., at the same time.

zuletzt', adv., at last, finally.

zum, for zu dem.

zunächst', adv., first of all.

zu'=nehmen, nimmt zu, nahm zu, zugenommen, tr., increase, grow larger.

Zunge, –, –n, f., tongue.

zunichte, adv., to naught, to ruin; — werden, come to nothing.

zur, for zu der.

zurück, adv., back, backward, behind.

zurück'=gehen, ging zurück, zurückgegangen, intr., f., go backward, retrograde.

zurück'=kehren, intr., f., return.

zurück'=kommen, kam zurück, zurückgekommen, intr., f., come back, return.

zurück'=reichen, tr., reach back, hand back.

zurück'=stehen, stand zurück, zurückgestanden, intr., stand back, be inferior to.

zurück'=weichen, wich zurück, zurückgewichen, intr., f., fall back, retreat.

zusammen, adv. and sep. pref., together.

zu'=schließen, schloß zu, zugeschlossen, tr., lock.

zu'=schnüren, tr., tie up with a string, throttle, choke.

zu'=sichern, tr., assure.

Zu'stand, –(e)s, ᵉe, m., condition, situation, plight, state.

zu'=stellen, tr., deliver, send.

Zu'stimmung, –, f., consent.

zu'verlässig, adj., reliable.

zuvor', adv., before, previously. [at times.

zuweilen, adv., sometimes,

zwar, adv., but, it is true, to be sure; und —, and that.

zwei, num., two.

zweierlei, adj., two different kinds of.

Zweifel, –s, –, m., doubt.

Zweig, –es, –e, m., branch.

Zweigbahn, –, –en, f., branch road. [stories.

zweistöckig, adj., of two

zweistündig, adj., of two hours.

zweit–, num. adj., second.

zweitausendjährig, adj., two thousand years old.

Zwerg, –es, –e, m., dwarf.

Zwiebad, –(e)s, –e, m., biscuit.

zwinke(r)n, intr., twinkle, wink.

Zwischendeck, –(e)s, –e, n., steerage.   [termission.

Zwischenpause, –, –n, f., intermission.

Zwistigkeit, –, –en, f., dissension.